法律的悖论

罗翔 著

云南人民出版社

果麦文化 出品

序　言

悖论是英文 paradox 一词的意译。从公认的前提推导出两个互相矛盾的命题，就是悖论。

悖论包括真悖论和假悖论。

假悖论就是所谓的"似是而非"，比如著名的芝诺悖论（Zeno's paradox）。[1]

阿基琉斯是古希腊非常著名的运动员，擅长跑步，而乌龟又是速度很慢的动物。如果让阿基琉斯落后乌龟 9 米，然后追赶乌龟。假设乌龟的速度是 0.1 米/秒，阿基琉斯比乌龟快 10 倍是 1 米/秒，会怎么样呢？我们一定认为这不费吹灰之力，阿基琉斯一定会很快追上。

但是，阿基琉斯可能永远追不上乌龟，理由是：假如刚出发的时候，阿基琉斯在 A 点，乌龟在 B 点。经过一段时间之后他赶到了

---

[1] 芝诺悖论是古希腊哲学家芝诺提出的一系列关于运动的不可分性的哲学悖论。他认为世界上运动变化着的万物是不真实的，唯一真实的东西是其师巴门尼德所谓的"唯一不动的存在"，所以"存在"是一而不是多，是静不是动。其中最著名的两个悖论是："阿基琉斯追不上乌龟"和"飞矢不动"。

I

B 点，而乌龟却也往前走了一段——比如到达了 C 点；阿基琉斯又从 B 点开始追，等到赶到 C 点时，乌龟又往前走了一段，到了 D 点……总之，阿基琉斯每赶到乌龟之前的落脚点，乌龟就已经往前走了一段，虽然它们之间的距离永远在缩小，但他永远追不上乌龟！

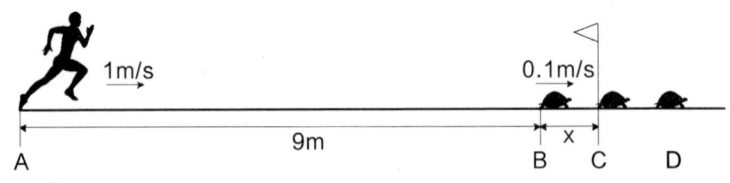

图 1：阿基琉斯追乌龟（10 倍速度）

在这种假悖论中，看似合理但其实不合理，这只是一种似是而非。就相当于说一个固定的时间，比如"11 秒钟"这个概念虽然可以无限拆开，但其实它只是一个有限的时间，人当然是可以跨越的。芝诺试图通过这种悖论提醒我们：自我的感觉不一定真实，亲眼所见，亲耳所闻，也许都不过是洞穴中的幻象。

真悖论则是"似非而是"，看似荒谬的结果却被证明是真实的。真悖论中有一类是二律背反（Antinomy），即两个论证的链条导致矛盾的结果，但其实每一个论证却又都非常合理，让我们无法舍弃。

人是生活在这个世界的部分，我们无法跳出世界去对世界做整体性的把握，但人类的思维又不安分于对世界碎片化、局部化的认识，因此当我们试图跳出我们的经验事实，想对世界做整体化思考的时候就会出现二律背反。

悖论的出现，提醒我们：人类是有限的，理性是有瑕疵的，也许我们永远无法把握对世界整体性的全局认识，无法完全开启上帝视野。这就像盲人摸象，我们每个人都认为自己摸到了大象的全部，但其实不过是摸到了大象的部分。

这种有限性提醒我们要学会谦卑，不要在自己看重的事情上附着不加边际的价值，要学会接受对立观点的相对合理性，这样方可丰富我们对全局的认识。

苏格拉底有一句名言："我只知道一件事，那就是我什么都不知道。"这似乎也是一个悖论，但这个悖论却让他成了一个有智慧的人。真正的智慧就是承认自己没有智慧，谦虚接受自己的短板。傲慢是人性最大的幽暗，我们都不喜欢傲慢的人，但是我们却时常放纵自己的傲慢。觉得别人口臭的人，可能没有意识到自己的口更臭。无论是财富的傲慢、权力的傲慢，还是知识的傲慢、学历的傲慢，甚或道德的傲慢，宗教的傲慢，它们无一例外散发着来自阴沟的腐臭。

法律只是社会科学中一个小小的分支，悖论比比皆见，比如大家熟悉的囚徒困境（Prisoner's Dilemma）。作为刑法学者，我其实对很多法律知识都有盲区，自诩普法者的我其实更需要被普法。由于学识所限，本书我主要选择了一些刑法方面的悖论与各位一起探讨。

对于这些悖论，我无法提供答案，只能呈现思考过程。希望在这个探讨和思考的过程中，能锻炼自己的思维，承认理性的有限，走出刺猬式的思维独断，接受狐狸式的多元包容。

我们是渺小的，但我们又是伟大的。当你仰望星空，你会发现人类如此渺小。我们整个地球在太阳系中，据说相当于一只跳蚤之于足球场，人类可能连跳蚤腿都比不上。但唯有人类才会仰望星空，思考宇宙，因此人类又是伟大的。

我们活在不断流逝的瞬间之中,但每一个瞬间又都是永恒的一个刹那。就在你刚刚阅读本书的几分钟内,我们思考了一些作为人类才会思考的问题,短暂的瞬间已逝去,但它却汇入时间的长河,成为永恒的一部分,我们的短暂瞬间也可以触摸到永恒的脉搏。

这是悖论吗?

现在开始法律的悖论之旅,寻找你的答案。

目 录

001　法律：法不容情，又法中有情
017　刑法：既惩罚犯罪人，又保护犯罪人
033　罪犯：是自我决定的，又是被决定的
053　犯罪：邪恶才犯罪，还是犯罪才邪恶
069　刑法：既是独立的，又是补充的
097　刑罚：轻罪重刑，还是轻罪轻刑
123　因果关系：不可假设但又必须假设
137　对向犯：既可同罪同罚，又可异罪异罚
153　生命：人可以被杀死，但又无法被杀死
163　勒索：既是被害人所欲，又是被害人所恨
175　禁止吸毒：既是限制自由，又是保障自由
189　名誉权：可以被侵犯，又无法被侵犯
207　司法：要纠正错误，又要容忍错误
239　判决：既要稳定性，又要灵活性
251　后记：在针尖上跳舞的天使

法律：法不容情，又法中有情

两名女性因为逃离家暴犯下"重婚罪"，引发广泛关注。2022年3月和5月，67岁的杨某和47岁的潘某英因触犯重婚罪被某县人民法院分别判处有期徒刑六个月和拘役四个月。两人均来自农村，文化程度不高，长期被酗酒的丈夫殴打虐待，她们选择了逃跑。杨某后与杜某相识，2010年1月19日，杨某又用名字、出生年份都修改过的假身份信息与杜某办理了结婚登记。潘某也有相似境遇，她在2002年离家出走，遇到全某。全某在明知潘某英未解除婚姻关系的情况下，与其以夫妻名义共同生活。

案件的判决从法律逻辑上来说似乎没有问题，刑法第258条规定，重婚罪指有配偶而重婚的，或者明知他人有配偶而与之结婚的。在司法实践中，法律婚加法律婚，或法律婚加事实婚，都符合重婚罪的定罪要件。法院同时还拒绝了检察机关判处缓刑的建议，理由是有再犯罪的危险。的确，适用缓刑的一个重要条件是没有再犯罪的危险，法院估计认为两人在缓刑期间大概率还是会和现任丈夫生活在一起，继续重婚犯罪行为，所以不宜判处缓刑。

这两个案件判得对吗？对，也不对。冰冷的法律逻辑需要考虑人类的情感吗？需要，又不需要。这就是一个悖论性的回答。

一、法律与道德：一场古老的争论

中国古代有儒法之争，主要涉及的也是法律与道德的冲突。儒家认为道德是可以影响法律的，但是法家认为道德绝对不能干涉法律，法不容情。商鞅认为："法已定矣，不以善言害法。"法度已经确定，就不应该用所谓仁义道德的空谈来破坏法度。商鞅就认为儒家所说的仁义道德非常的虚伪，本来都是赤裸裸的利益交换，偏偏要披上仁义的幌子。在他看来，真小人远比伪君子要好。

商鞅主张礼乐、诗书、修善、孝悌、诚信、仁义、贞廉、非兵和羞战这些所谓的美德都属于要彻底清除的六害（"六虱"）。所以商鞅认为法律与道德没有半毛钱关系，法律本来就是立法者的命令，民众只能无条件地服从。法律不能被议论，既不能批评，也不能表扬，只能服从。商鞅变法时，当时有很多人反对，甚至太子也带头犯法，商鞅直接重拳出击，对太子老师处重刑。秦人听说此事后，只能遵守新法。新法施行十年，效果出来了，秦国秩序大好，"道不拾遗，山无盗贼，家给人足。"当初那些批评新法的人又来说新法的好处，"秦民初言令不便者有来言令便者"，商鞅认为这些人都是乱法的刁民，"此皆乱化之民也。"将他们全部流放到边疆，"尽迁之于边城，其后民莫敢议令。"所以老百姓也就不敢再议论法律了。[1]

但孔子却认为："导之以政，齐之以刑，民免而无耻。导之以德，齐之以礼，有耻且格。"用政令治理百姓，用刑法整顿民众，人们只求能免于犯罪受惩罚，却无廉耻之心；用道德引导百姓，用礼制去同化民众，人们不仅会有羞耻之心，且有归服之心。

---

[1] 参见《史记·商君列传》。

法家的强调"刑名",律法与名实相符,大致相当于后世的演绎逻辑,大前提小前提结论。比如西汉的法律规定,殴伤父亲者枭首。结果张三的父亲与他人斗殴,张三用木棍去打他人,不料却误伤其父。按照法家的观点,那就应该严格按照法律规定,判处张三死刑。

但是按照儒家的观念,法律不应该那么机械,要考虑背后的情理。西汉大儒董仲舒就提倡"《春秋》决狱",也就是用儒家的道理来软化机械的法律。如果犯罪者的动机是好的,就可以从宽甚至免罪,所谓"君子原心",论心不论迹。

刚才说的"张三伤父案"是西汉武帝时的一个真实案件,廷尉张汤请教董仲舒应该如何处理。董仲舒举了《春秋》中的一个典故来说明张三没有主观上的故意。春秋时期的许悼公生病,太子许止给父亲送药,结果父亲一命呜呼。太子很伤心,觉得自己有错,把国君之位让给弟弟,自己郁郁寡欢而死。《春秋》经文说"许世子弑其君",但《春秋公羊传》(亦称《公羊传》),也就是对《春秋》进行注释的一部典籍却认为,许止的动机是好的,不算为罪。董仲舒以此典故认为张三不构成犯罪,张汤听取了董仲舒的意见。

还有一个案件和本文开头讲的重婚案比较类似。一位女子的丈夫出海打鱼不幸罹难,女子痛不欲生,但三个月后,婆婆做主把儿媳嫁给他人。按照当时的法律,丈夫死后女子未经官府允许私自嫁人,是要被判弃市,在闹市执行死刑的。但董仲舒认为,"甲又尊者所嫁,无淫衍之心,非私为人妻也","妇人无专制擅恣之行","明于决事,皆无罪名,不当坐。"女子再嫁是由她婆婆一手操办,女子无罪,应免除对当事人的处罚。[1]

---

1 [宋]李昉等:《太平御览》卷六百四十引,中华书局,1960。

大家更欣赏儒家的立场，还是法家的观点呢？不讲道德的法律，只把民众当作威吓的对象，这样法律将沦为纯粹的工具，民众丧失人格和尊严，法律人迟早也会成为刀笔吏，甚至成为酷吏。但只讲道德的法律，也很虚弱无力，太过理想而不现实。所以，后世的封建统治者采取儒法合流，内法外儒，用儒家的理想主义来掩盖法家残酷的现实主义。

汉宣帝刘询的太子刘奭就好儒术，有时会劝谏父亲不要偏重法家，刻薄寡恩、执法严峻的文法吏会乱用刑法、错杀大臣。但宣帝却严厉地批评了太子，差点废太子。汉书记载：见宣帝所用多文法吏，以刑名绳下，大臣杨恽、盖宽饶等坐刺讥辞语为罪而诛，尝侍燕从容言"陛下持刑太深，宜用儒生"。宣帝作色曰："汉家自有制度，本以霸王道杂之，奈何纯任德教，用周政乎。且俗儒不达时宜，好是古非今，使人眩於名实，不知所守，何足委任"乃叹曰"乱我家者，太子也"。[1]

汉宣帝是苦孩子出身，他的爷爷刘据是汉武帝的太子，但被武帝逼死。刘据妻儿、孙子全都被杀，只有一个还在襁褓之中的婴儿，侥幸存活被关在监狱，也就是刘据的孙子刘病已。汉武帝病重时，术士说长安监狱有天子气，武帝便下令宦官郭穰把长安二十六官狱中的犯人不分罪重罪轻一律杀掉。

郭穰到了监狱，管监狱的廷尉监丙吉紧闭大门，说道："皇曾孙在此，不能无辜被杀。"郭穰无奈只好回去向武帝告状。武帝这才意识到还有一个五岁的曾孙被关在监狱，他认为这是天意，决定大赦天下，长安监狱的犯人在武帝的一念之间保全了性命。

1　［汉］班固编撰：《汉书》卷九《元帝纪第九》。

几天之后，武帝驾崩。刘病已被丙吉送到自己的祖母史良娣家。后来汉昭帝驾崩没有子嗣，刘病已因机缘巧合被大将军霍光找来，改名为刘询，继承皇位。

宣帝在民间长大成人，深知人世艰难，人心叵测。所以在治国理政方面将法家的霸道和儒家的王道结合起来。在他看来，无论儒家还是法家，都只是一种工具，儒家的理想主义必须考虑人性幽暗的现实。而从小在舒适环境中长大的太子刘奭则比较理想化，对于人性之恶没有充分的认识。

法家认为人性本恶，如果没有法律的强制约束，人很难自愿选择高尚，所以法律必须维护底线的道德，才不会让高尚道德没有根基。但法家只看到群众的人性之恶，没有注意到执法者也不过芸芸众生之一员，他们内心也有幽暗的成分。这就是法治和法家的一个重要区别，法治认为一方面刑法要惩罚犯罪，维护底线道德；另一方面，刑法又要限制惩罚犯罪的权力本身，防止它成为社会秩序的破坏力量。

二、积极道德主义与消极道德主义

法律与道德的关系其实密不可分，如果法律失去了道义的力量，那它不过是一种纯粹的命令，它的效果无法持久。但是，这里要注意区分积极道德主义和消极道德主义。

积极道德主义，是以道德作为定罪量刑的依据，也即入罪的标准，这样肯定是不合适的。入罪不能论心不论迹，不能因为动机邪恶，即便没有行为也以犯罪论处。法律只是对人最低的道德标准，不能强行用法律的力量来推行高标准的仁义道德。而且道德标准有模糊的成分，以此作为入罪标准，很容易导致罪刑擅断，选择性执法。

在入罪层面，必须严格遵照法律的规定，不能以模糊不清的道德作为定罪的依据。法无明文规定不为罪，法无明文规定不处罚。罪刑法定原则禁止对行为人的类推解释，因为类推解释的一个重要思考方法是首先从伦理和道德的立场对行为进行判断，当认定一行为与道德有悖，就千方百计去寻找可以适用的法律，如果没有，则类推定罪。总之，入罪不谈好坏，只讲法律，不能因为一个人在道德上邪恶，就给他贴上犯罪的标签。

比如张三雇了一大堆托儿帮其烧饼店宣传造势，连续一个月都貌似大排长龙，吸引顾客，但这其实都是假象。对此行为，有人就觉得张三道德上有亏，不诚实，所以得打击一下。但是如何打击呢？好像也找不到合适的罪名，那干脆就比照最相类似的条款，比如寻衅滋事罪（在公共场所起哄闹事，造成公共场所秩序严重混乱的）或者非法经营罪（其他严重扰乱市场秩序的非法经营行为）来进行治罪。显然，如果离开了明确的法律尺度，仅以道德与否来作为入罪的标准，那基本上就和"欲加之罪、何患无辞"如出一辙了。

因此，在入罪问题上，还是应该以明确性的法律来作为定罪量刑的依据。一方面，从形式上看，如果没有触犯法律的明文规定，行为就不构成犯罪。另一方面，从实质上看，即便表面上符合刑法的行为也并不能理所当然被视为犯罪，还必须看它是否侵犯了刑法所保护的法益，也就是通过法律利益（法益）这个概念发挥入罪的筛选功能。

比如农村中的接生婆为产妇提供接生服务，接生婆没有医生资格证书，这种行为表面上符合非法行医罪的构成要件，但是刑法规定非法行医罪除了保护医疗管理秩序以外，还有对人民群众生命安全法益的保护，因此，这种行为就不可能构成犯罪。

再如，李四是个人独资公司老板，占公司股权100%，挪了100万给小三买车，小三的前男友很生气，举报李四挪用资金。从表面上看，李四的挪用行为违反了公司法的规定，妨害了公司的管理秩序。但是挪用资金罪是刑法分则第五章"侵犯财产罪"中的罪名，而非第三章"破坏社会主义市场经济秩序罪"第三节"妨害对公司、企业的管理秩序罪"中的罪名，这就清楚地表明立法者认为挪用资金主要是一种侵犯财产权的犯罪。公司的财产终究体现为股东的财产权，既然李四占公司股权100%，那么他的挪用行为也不可能侵犯公司唯一股东的财产权，自然不构成犯罪。

刑法只是对人最低的道德要求，只有那些严重违背道德的行为才可能构成犯罪。张三在路边看到一个小朋友被车撞了，有没有送他去医院的义务呢？说有也有，说没有也没有。在道德上，张三应该送，这是一种道德义务，但是在法律上，张三没有义务送小朋友去医院，因为生命法益的危险并不是张三制造的。

李四两岁的弟弟被车撞了，司机逃逸。李四正好从旁边过，弟弟向哥哥求救。李四要不要救？李四正准备去救，结果李四的老婆冷冷地说："你老爸老妈可只有一套房。"李四想了想，对弟弟说："你放心去吧，我到时会给你烧玩具的。"李四构成犯罪吗？很遗憾，李四有救助弟弟的道德义务，但是没有法律义务，法律并不强迫哥哥救助弟弟，所以不构成犯罪。

王五的三岁孩子被车撞了，但是王五的小三刚为他又生了一个智商150的孩子。王五觉得不如放弃这个智商只有100的孩子。兄友弟恭是一种值得倡导的美德，但不能强求。而虎毒不食子则是人伦根本，法律也明确规定作为父亲的王五有救助子女的义务。如果他的不救助导致孩子死亡，王五就构成（不作为的）故意杀人罪。

至于消极道德主义，是以道德作为出罪的依据，这是孔子所嘉许的，也符合现代法治精神。也就是我常说的，法益作为入罪的基础，但伦理作为出罪的依据。出罪不能只讲法律，还要谈道德。道德所鼓励的行为在普通法系属于正当化行为（justification），在大陆法系[1]属于违法阻却事由，也就是排除违法性的事由。道德所容忍的行为在普通法系叫作可得宽恕事由（excuse），也就是大陆法系的责任阻却事由。总之道德所容忍或者鼓励的行为不宜视为犯罪。

叶公曾请教孔子一个案件，说有一个很正直的人，姑且叫作张三。张三的父亲偷了别人的羊，张三就大义灭亲，去做证人说父亲确实偷了羊。孔子回答说："吾党之直者异于是，父为子隐，子为父隐。直在其中矣。"父亲为儿子隐瞒，儿子为父亲隐瞒。而真正的正直就该是这样的。亲亲相隐，父亲包庇儿子，儿子袒护父亲，即便符合包庇、窝藏罪的构成要件，这也是道德所容忍的行为，可得宽恕，没有必要以犯罪论处。又如，教师面临义务冲突，自己的孩子和学生同时失足落水，救助孩子是法定义务，救学生是道德义务（假定不存在先行行为），如果教师先救学生，孩子溺水而亡。表面上，这符合了不作为犯罪的构成要件，单纯从法益理论来看，此行

---

[1] 大陆法系，又称法典法系。它强调成文法的作用，主张大规模的法典编撰。英美法系，又称普通法系，强调判例法，普通法（common law）是指英国中世纪以来的法律，所以普通法系是以普通法为基础的法律制度。大陆法系以成文法作为法的主要渊源，普通法系以判例法作为法的主要渊源。

为侵害了法益，因为法定义务高于道德义务。但是，由于这种行为是道德规范所鼓励嘉奖的行为，更不能予以惩罚。

刑法中有一种期待可能性理论，通俗来讲就是法律不能强人所难。根据当事人行为时的具体情况，如果不能期待行为人实施合法行为，就是没有或缺乏期待可能性，此种情况下我们会认为，行为人存在责任阻却事由，因而不承担刑事责任。期待可能性的精髓就是把自己放在被告人的位置，想一想在类似情况下，你会如何选择？己所不欲、勿施于人，不要把自己也背不动的担子放在别人的肩膀上。

回顾文首两名女性因为逃离家暴犯下"重婚罪"的案件。在我国刑法理论中，判断已婚妇女的事实重婚是否构成重婚罪时，以下情况都可以被认为缺乏期待可能性：因配偶长期外出下落不明，造成家庭生活严重困难，又和他人形成事实婚姻的；因强迫、包办婚姻或婚后受虐待外逃，和他人形成事实婚姻的；被拐卖后和他人形成事实婚姻的等。显然，这两起案件，完全可以适用刑法第13条的规定——情节显著轻微，危害不大，不认为是犯罪。或者至少也可以按照刑法第37条规定免予刑事处罚（对于犯罪情节轻微不需要判处刑罚的，可以免予刑事处罚）。期待可能性理论恰恰就是消极道德主义的体现。

总之，刑法是对人最低的道德要求，严重背离道德标准的行为肯定都会被规定为犯罪，通过捍卫底线道德，刑法中必要的他律也能让道德自律发挥作用。同时，消极道德主义所提倡的道德出罪机能又能激活高尚的道德，让民众不至于因为坚守道德标准而身陷囹圄，灰心沮丧。

三、权利行使与敲诈勒索

敲诈勒索罪是当前被普遍使用的罪名,很多维权行为常以此罪追究刑事责任。比如,某企业员工李某因为索要 30 万元的离职补偿款,就被控敲诈勒索,公安机关将该员工刑事羁押长达 8 个月之久,后人民检察院认为犯罪事实不清、证据不足,不符合起诉条件,决定对李某不起诉,此事曾引起舆论强烈关注[1]。索要离职补偿也会构成敲诈勒索罪吗?

在我国刑法中,敲诈勒索罪采取了简单罪状的表达方式,刑法没有详细阐述敲诈勒索罪的构成要件。因此,敲诈勒索罪在司法实践中经常被滥用。

刑法理论普遍认为,成立敲诈勒索罪必须同时具备客观和主观两个方面的要素。在客观上,行为人必须要采取恐吓行为让他人陷入恐惧,交付财物;在主观上,行为人要出于非法占有的目的,主张自己并不存在的权利,也就是拿走不属于自己的东西。

如果行为人有正当的权利基础,那就不可能具备非法占有的目的。这就涉及敲诈勒索罪中一个重要的出罪事由:权利行使。只要行为人有主张权利的正当基础,那么他的行权行为,无论如何也不构成敲诈勒索。我拿我自己的东西,何罪之有呢?当然,如果行权手段不合理,比如以非法拘禁、故意伤害等方式去行使权利,手段行为可能构成其他犯罪,但无论如何不构成敲诈勒索罪。

然而,问题在于:何谓正当的权利基础?这其实就涉及法律与道德的关系。

---

[1] 深圳市龙岗区人民检察院不起诉决定书,深龙检刑不诉(2019)637 号。

权利包括法定权利和道德权利。对于利益受损的行为人,他有权利向侵权人去主张赔偿,这种请求权如果为法律所认可,那么它就是一种法定权利,如果这种权利并不能合法有效地请求国家的强制执行,那它就是一种道德权利。法定权利与道德权利有交叉的部分,如果一种道德权利获得法律的认可,那它既是道德权利,也是法律权利。如果一种法定权利缺乏道德的支持,那它就是纯粹的法定权利,比如在历史上某些时代,奴隶主殴打奴隶的权利,领主对初夜权的主张。[1] 然而,在法理上,任何缺乏道德基础的法定权利都是一种虚假的权利。因此,如果把道德权利比作一个池塘,那么法定权利就是池中之池。

图2:道德权利与法定权利的关系

在敲诈勒索罪中,如果利益受损的行为人有法定的权利去主张赔偿,这自然不构成犯罪。当前,这种法定权利一般都有道德上的

---

[1] [美]乔尔·范伯格:《刑法的道德界限》(第一卷),方泉译,商务印书馆2013年版,第121页。

支持。复杂的是，如果利益受损的行为人仅有道德权利，而无法定权利去主张赔偿，这是否构成敲诈勒索罪，则存在重大争议。

具体而言，这又可以被细分为两类。

1.超过法律规定行使权利。

比如，甲女曾遭名人张三强吻猥亵，后甲要求张三向其赔偿100万，否则就要让此事路人皆知（猥亵索赔案）。甲作为被侵权人当然有权要求张三赔偿，但是赔偿100万似乎超过了法律限度。

2.缺乏法律规定行使权利。

比如，张三发现妻子与他人通奸，非常生气，要求对方赔偿自己家庭关系维护费5万元，否则就要痛殴对方，他人无奈，遂赔款了事。在通奸索赔案这类案件中，妻子通奸，丈夫并无法定的权利向第三者主张赔偿。

有些司法人员认为，只有法律规定的权利才是权利。因此，索赔必须严格根据法律规定来确定数额，只要超出法律规定的一分一毫，那就可能涉嫌犯罪。然而，权利的行使是一种私人自治的行为，法律没有必要多加干涉。如果正当权利仅限于法定权利的话，大量行使权利的行为都会被犯罪化，司法也不可避免地会走向机械和僵化。

首先，在逻辑上，如果不考虑道德权利，仅仅将利益受损等同于对法定权利的侵犯，那么必然会导致下面这样的循环论证。

问：如果拥有一种法律所保护的权利才可以提出合理的请求权，那么哪些权利是法律应该保护的呢？

答：法律选择去保护的权利。

问：法律为什么选择去保护这些权利？

答：因为这些权利对社会非常重要。

问：这些权利对社会为什么重要？

答：因为这是法律规定要保护的权利。

上述的问答形成了一种封闭的循环。如果不将利益受损视为对道德权利的侵犯，我们无法跳出这个闭路循环。道德权利是一种先于并独立于国家法律而发出的对人们的普遍期待，道德权利决定了法定权利的合理性。

其次，在实践上，法定权利的理论缺乏稳定性，最终会导致数额的滑坡。在猥亵索赔案中，如果行为人仅仅能够以法律规定的金额提出索赔，那么这个金额是多少呢？按照侵权责任法的规定，这种行为侵害了人格权，当事人可以提出精神赔偿，而精神赔偿的数额，法律并无明确规定，要根据具体情况加以确定。如果赔偿10万是合理的，那么10万多1元呢？如果10万多1元也合理，那再多1元呢？按照这种逻辑，滑向100万也不能说不合理。

另外，在后果上，法定权利说会导致司法的机械和僵化。按照法定权利说，在权利行使这个问题上，司法机关只需考虑法律规定，而无须考虑道德规范的要求，司法也就沦为只会执行立法者规定的机器人。这一方面会导致司法机关无法对立法的缺陷进行有效的制约，另一方面也使得司法机关无视法律以外的其他排除犯罪事由的客观存在。

我国刑法仅规定了正当防卫和紧急避险两种法定的排除犯罪事由，但是还有大量法律之外的排除犯罪事由，道德在法律之上，超越法律，道德赋予了民众自由行事而不受刑罚干涉的权利。比如医生给患者做截肢手术，从表面上看，这属于刑法中的故意伤害，但这是正当的业务行为。虽然在刑法中没有规定这种排除犯罪事由，但它是道德生活普遍认可的，自然不是犯罪。除此以外诸如义务冲突、推定承诺[1]、自救行为等等都属于此类法律。虽然没有规定，但却可以排除犯罪的事由。

法律没有规定我开会时有发呆、不鼓掌的权利，但是我可以发呆，也可以不鼓掌；法律也没有规定我有吃夜宵的权利，但我一天想吃几顿就可以吃几顿；法律更没有规定恋人之间有亲昵的权利，但只要恋爱双方同意，法律就不能干涉恋人之间的亲密举动。如果人们只能拥有法律所规定的权利，这个社会该有多么压抑与可怕。法治的基本理念告诉我们：对私权而言，凡是没有禁止的，都是可以做的；对公权力而言，凡是没有允许的，都是不可为的。而不能颠倒过来。

总之，对于各种维权索赔案件，只要行为人的权利请求是道德上所认可的，具有道德上的合理性，这种行为就属于排除犯罪事由，自然不构成敲诈勒索罪。对于侵犯人身权的案件，由于精神赔偿没有上限，因此无论主张多少赔偿，都并未超越法律边界。对于侵犯财产权的案件，虽然不允许精神赔偿，但主张权利本身并不违法，即便消费者漫天要价，这也只是一个协商的过程，在这个过程中，开具任何条件都是可以的，商家有权接受，也有权拒绝。不能认为开的条件过高就是敲诈，开的条件可以接受，就是维权。否则，敲诈勒索的罪与非罪，岂不是由商家说了算，那还有谁敢去维权！

德国法学家耶林在《为权利而斗争》的演讲中，激情澎湃地告

---

1 推定承诺是指现实中没有被害人承诺，但推定被害人得知真相后会做出承诺。基于这种推定承诺而实施的行为不构成犯罪。比如，邻居家着火，邻居不在家，张三把门踹开，闯入邻居家把火扑灭。表面上这似乎符合故意毁坏财物罪和非法侵入他人住宅罪的犯罪构成，客观上也没有得到邻居的同意。但是可以推定邻居会同意张三的救助行为，张三自然不构成犯罪。

诉我们：主张权利不仅仅是为了捍卫自己的物质利益，更重要的是为了维护自己的道德存在和人格。"任何目睹恣意侵犯权利的行为，而感到义愤填膺、道德愤怒的人们，都会具有权利的理念感——这种愤怒感是对亵渎权利的具有道德性质的强有力反抗；是法感所产生的最美丽、最振奋人心的证言。"[1] "为权利而斗争"与人的尊严息息相关，权利不仅是一种恩赐，它与人格尊严也有紧密而内在的关联。在建设法治中国的当下，法律应该鼓励更多的民众去行使权利，而不是设置重重障碍。一如耶林所言，不为权利而斗争的处世观是"懒怠的道德，它为具有健全的法感情的国民和个人所不屑一顾。它是病态的、麻木的法感情的表象和产物。"[2]

总之，道德权利是权利行使的一种类型，可以作为敲诈勒索罪的出罪依据，这也恰恰是消极道德主义在刑法中的具体表现。

四、最伟大的法律写在人们的心中

细心的朋友会发现，如果以消极道德主义作为出罪的依据也可能会导致司法的混乱，给司法官员开了给人出罪的方便之门。这是否会导致腐败呢？

这个问题值得思考。首先，刑法要拒绝积极道德主义。法无明文规定不为罪，法无明文规定不处罚，罪刑法定是底线。其次，对

---

1 ［德］耶林：《为权利而斗争》，刘权译，法律出版社2019年版，第65页。
2 中国法制出版社编：《民法总则论文选萃》，中国法制出版社2004年版，第50页。

于消极道德主义，道德作为出罪的依据，司法权则需要受到民众的监督，这就是陪审员或陪审团制度。理想的人民司法应让人民承担司法的主要责任，这样当民众对司法判决有不满，也是由人民来承担责任。法律不外乎天理人情，没有那么复杂，如果经过法定程序筛选出来的普通民众都认为符合道德规定，在道德上属于善举，那就不应该以犯罪论处。毕竟刑法只是对人最低的道德要求。法律只需要保障底线道德，仁义靠的是道德自律，但是法律要鼓励而不能让有仁心善举的人寒心。总之，法律是要讲道理的，这个道理既包括天道，也包括人道，而不能是纯粹的霸道。

我们通常说，最伟大的法律写在人们的心中，其实就是这个意思。如果法律失去了道德规则指引，那么法律也就成为纯粹的威吓工具。法律要维护底线的道德，同时道德又可以让法律变得温暖。

我个人对法律与道德悖论的一个理解是：入罪问题讲法律，法不容情；出罪问题讲道德，法中有情。

想一想

你生活中有哪些坚守道德标准却被定罪的例子呢？

刑法：既惩罚犯罪人，又保护犯罪人

刑法惩罚犯罪人，还是保护犯罪人，这两个选项显然是矛盾的。

刑，开刀也，本能地会让人感到害怕。古人认为刑始于兵，兵刑同一，战争与刑罚是一回事，都带有杀伐之意。甲骨文的"伐"就是扯着人的头，然后砍掉。至于"歼"灭的"歼"字，杀伐之气更重。《说文解字》："歼，微尽也。从歺、韱声。"看到"韱"字，大家想到了什么——把一大堆人当作韭菜给割了。

表1："伐""歼"字的古代汉语写法

甲骨文"伐"	小篆"歼"	《说文解字》"韱，山韭也。"

然而，战争本身是损人伤己的事，兵法的最高境界不是杀伐了多少敌人，而是"不战而屈人之兵"。武侯祠有一副著名的对联，上

联是"能攻心则反侧自消,从古知兵非好战",下联是"不审势即宽严皆误,后来治蜀要深思"。作为刑法学研究者,我时常提醒自己刑法的真正谋略——"知兵非好战",刑法用得多不一定是好事。

刑法,既有刑,又有法。"法"古字写作"灋",它由三个字组成,"水"代表执法公平公正、不偏不倚;"廌"就是獬豸,是古代传说中的独角神兽,此兽刚正不阿,双目如火如炬,遇到人间矛盾,会用角去顶有错的一方。"去"可能是去除错误之意。

表2:《说文解字》中的"法"字

灋	《说文解字》"刑也。平之如水。从水;廌,所以触不直者,去之。从去。"

刑法主要涉及国家和被告两方,法要一碗水端平,既不能偏向被告人,也不能偏向国家。独角神兽既可触受审的被告人,也要去顶枉法的司法人员,除去任何一方犯下的错误。刑之最高境界是攻心为上,无刑胜有刑,知刑非好战,而法则是对刑的一种约束。

一、裸聊、老赖和其他

2008年,一例裸聊案引起广泛争议,该案甚至被列入法律职业资格考试论述题。因在网络上裸聊,女子方某被某县法院以"传播淫秽物品牟利罪"一审判处有期徒刑六个月,缓刑一年,并处罚金5000元。

方某三十多岁，失业在家，一次偶然的机会，开始尝试收费裸聊。法院审理查明，从 2006 年 11 月到 2007 年 5 月案发，方某的裸聊"生意"遍及全国 22 个省（自治区、直辖市），仅在电脑上查获聊天记录的就涉及 300 多名"观众"，网上银行汇款记录达千余次，计 2.4 万元。最后有一名"观众"不知出于何种动机，看了方某的裸聊，向公安机关举报。

方某裸聊的行为如何定性，究竟以何种罪名起诉，司法机关内部有多种意见：第一种意见认为构成传播淫秽物品罪；第二种意见认为构成聚众淫乱罪；第三种意见认为构成传播淫秽物品牟利罪；最后一种意见认为这纯属个人行为，没必要以犯罪论处，实在不妥，给予行政处罚即可。[1]

法院的最终定罪受到了很多指责，最重要的理由就是违反罪刑法定原则：法无明文规定不为罪，法无明文规定不处罚。有人认为"传播"必须是向不特定的社会公众扩散，而方某的裸聊是一对一的，具有特定性，不属"传播"。

这里值得思考一下：如果一对一的传播属于刑法上的"传播"，涉及面是不是太广了？甚至丈夫给妻子发的视频都有可能构成犯罪。另外还需要思考：同步传输的视频图像既非视频文件，又非图片文件，这个能算是"物品"吗？

另外一个案件和老赖有关，王某欠债不还，被告上法院。法院对原被告进行了调解，王某同意还钱，所以法院出具了调解书。但不料王某老赖成性，拒不履行法院的调解书。王某后以拒不执行判决、

---

[1] 陈东升：《浙江一女子因网络裸聊被定罪量刑为全国首例》，载中国新闻网，https://www.chinanews.com/sh/news/2008/04-03/1210826.shtml。

裁定罪[1]被抓，一审判决王某罪名成立。王某提出上诉，二审推翻了一审判决，认为王某无罪。理由是王某构成拒不执行判决、裁定罪的前提不存在。王某拒不执行的是调解书，而不是判决书，也不是裁定书。不要说一般人，估计很多法律人也区分不出这三种文书的区别。

表3：调解书、判决书、裁定书的区别

调解书	人民法院审理民事案件的过程中，在法院审判人员的主持、协调下，根据自愿和合法的原则，就案件争议问题进行协商，解决纠纷，通过调解促使当事人达成协议而制作的法律文书
判决书	人民法院根据审理查明和认定的案件事实，通过适用法律，以国家审判机关的名义，对案件的实体问题[2]作出判决时所制作的法律文书
裁定书	人民法院为处理诉讼程序问题或部分实体问题而依法制作的诉讼文书

1　刑法第313条拒不执行判决、裁定罪：对人民法院的判决、裁定有能力执行而拒不执行，情节严重的，处三年以下有期徒刑、拘役或者罚金；情节特别严重的，处三年以上七年以下有期徒刑，并处罚金。

2　实体问题是指对当事人的诉讼请求成立与否所做出的一种判断，即对当事人实体权利、义务状态的判断。程序问题是指这个判断并不涉及当事人所提出的实体权利主张是否成立，而只是针对一些程序问题。比如，张三被控故意杀人，他是否构成故意杀人罪，这是一个实体问题，但是对案件进行立案、起诉、审理则是程序问题。

通俗来说，民事调解书是当事人双方协商一致所达成的协议，法官只是起到中间调和作用，不参与法律评价。但是判决、裁定（涉及实体）都会体现法官对当事人纠纷的评判。

虽然调解书生效后与判决书享有同等的执行力，当事人可以向人民法院申请强制执行调解书。但是刑法第313条规定的拒不执行判决、裁定罪所只限于判决和裁定，不包括调解书，所以二审法院认为王某不构成犯罪。[1]

看到这些案件，大家是不是有点迷茫了，觉得定个罪怎么那么麻烦。裸聊道德吗？老赖难道不应该打击吗？还考虑那么多干吗？随便安个罪名制裁不就得了吗？法律人为什么总站在犯罪人的立场上说话，难道不应该替被害人多考虑考虑吗？刑法的规定怎么老是

---

[1] 依据《最高人民法院关于审理拒不执行判决、裁定刑事案件适用法律若干问题的解释》(法释〔2015〕16号)第一条的规定，刑法第313条规定的"人民法院的判决、裁定"是指人民法院作出的、具有执行内容并已生效的判决、裁定，包括已生效的一审、二审和再审判决、裁定。最高院研究室《关于拒不执行人民法院调解书的行为是否构成拒不执行判决、裁定罪的答复》(法研〔2000〕117号)明确指出："刑法第313条规定的'判决、裁定'不包括人民法院的调解书。对于行为人拒不执行人民法院调解书的行为，不能依照刑法第313条的规定定罪处罚。"2002年8月29日全国人大常委会通过的《关于〈刑法〉第三百一十三条的解释》(以下简称"立法解释")对拒不执行判决、裁定的犯罪对象作了扩大的立法解释，扩大并界定了拒不执行的对象即"判决、裁定"的外延，明确了"人民法院为依法执行支付令、生效的调解书、仲裁裁决、公证债权文书等所作的裁定"属于刑法第313条规定的裁定，尽管《立法解释》将拒不执行支付令、调解书等行为纳入拒不执行判决、裁定罪调整的范围，但这些支付令、调解书等本身并不是判决、裁定，人民法院以拒不执行判决、裁定罪追究其刑事责任的前提条件必须是，有关人员对人民法院为执行这些文书所确定的内容而在执行程序中依法作出执行裁定后，对该执行裁定仍拒不执行的方可构成本罪。

保护犯罪人？立场到哪里去了？

的确，如果只是强调惩罚犯罪，成文刑法的出现是没有必要的，因为它完全束缚了国家打击犯罪的手脚。如果没有刑法的约束，裸聊、赖账……一切令人不爽的行为都可以进行打击。古人说刑不可知，则威不可测。如果刑法的根本目的只在于打击犯罪，那么刑法就没有出现的必要，它只需存在于执法者内心深处，秘而不宣的刑法较之公开明示的法律更能打击一切所谓的犯罪行为。在这种情况下，民众就像身上被装了个摄像头一样，干啥都不自在，干啥都觉得有双眼睛看着你——小心，你小子构成犯罪了。这样的后果就是啥也不敢干，啥也不想干，干啥都有罪，不干也可能犯罪。惶惶不可终日，罪与非罪，完全靠命。

岳飞之死让大家知道了"莫须有"这个罪名。犯罪可怕，还是不受约束的刑罚权更可怕呢？另一个例子是袁崇焕之死。袁崇焕被诬通敌，被判凌迟处死，可悲的是北京城中的百姓不明真相，对皇帝的说词信以为真，恨袁崇焕入骨，行刑之日，纷纷出钱买袁崇焕身上割下的肉吃，还边骂袁崇焕这个"叛徒"。袁崇焕临刑前口占一绝："一生事业总成空，半世功名在梦中。死后不愁无勇将，忠魂依旧守辽东。"[1] 相传他的部下"夜窃督师尸"，葬在北京崇文门的一个菜园子中。后代世代在此守墓。后来这成为一个公园，叫作龙潭公园，以前我经常在那散步遛弯。

如果刑罚权不受法律约束，恶劣的案件可能层出不穷。20世纪60年代，某地县委农工部副部长巴某接到地委组织部电话通知，要他立即到地委报到，重新安排工作。次日巴某在路边等车，以为会

---

[1] 陈梧桐：《崇祯传》，河南文艺出版社2023年版，第124页。

有专车来接。正好两名警察押着犯人上了一辆卡车,所以巴某也上了卡车。当车在某地公安局停车,巴某下车准备走到地委组织部,结果警察把他关到了看守所,没有任何法律手续就可以把一个无辜的人,甚至还是领导干部就关了起来。巴某一直喊冤,但一直没人理睬,这一关就是十六年。[1]

看完这些案件,你还会觉得定罪不用多考虑考虑吗?

法律人其实非常不讨人喜欢,因为民众狂热时,他会强调冷静,人皆曰可杀,我意独怜之;权力高歌猛进时,他会强调限权,希望踩一踩刹车。有时法律人的观点不被人理解,可能只能用颜回对孔子的答问来进行安慰——不容何病?不容然后见君子。

二、刑法的目的

刑法是关于犯罪与刑罚的规定,它是国家发动刑罚权的依据。在国家的各种制裁措施中,刑罚可以说是最严厉的。因此对于刑罚权必须加以严格限制。刑法既要惩罚犯罪,又要保障人权,而且保障的是犯罪人的人权。这不是说被害人的人权不受保护,只是保护被害人的人权本身就是惩罚犯罪的机能所包含的。

"惩罚犯罪"与"保障人权"这两个价值必然存在冲突,导致刑法内部的不稳定性。即便我们用哲学观点把两种甚或多种性质迥异的观点结合在一起,在获得逻辑上的巨大周延性后,我们依然要面

---

[1] 《上访通讯》编辑室编:《春风化雨集(下)》,群众出版社1981年版,第325—333页。

对观点冲突的取舍问题。刑罚不是越重越好，当然也不能越轻越好，如何平衡惩罚犯罪和保障人权两个价值的冲突，是一个非常复杂的问题，"不审势即宽严皆误"。

罪刑法定所要求的刑法，根本目的不是单纯地打击犯罪，而是限制比犯罪更为可怕的国家权力——不加限制的话，它将是一种最可怕的强制。从本质上来说，刑法遏制的不是犯罪人，而是国家。我国学者李海东博士指出，"一个国家对付犯罪并不需要刑事法律，没有刑法并不妨碍国家对犯罪的有效打击和镇压。而且没有立法的犯罪打击可能是更加灵活、有效、及时与便利的。如果从这个角度讲，刑法本身是多余和伪善的，它除了在宣传与标榜上有美化国家权力的作用外，主要是束缚国家机器面对犯罪的反应速度与灵敏度。那么，人类为什么要有刑法？这个问题在三百年前，欧洲启蒙思想家们就作出了回答：刑事法律要遏制的不是犯罪人，而是国家。也就是说，尽管刑法规范的是犯罪及其刑罚，但它针对的对象却是国家。"[1] 我很感谢李博士，他的这段话帮助我第一次真正理解了刑法，所以我在很多书中都不断重复引用。

刑法规定了犯罪与刑罚。刑罚的对象是犯罪，其目的在于打击犯罪，它可以通过报应、威慑和矫正来实现对已经发生和还未发生的犯罪的惩治与预防，同时又可把对犯罪的打击限制在合理的范围内，而刑法的对象则是对犯罪加以处罚的刑罚，刑法的核心在于限制国家的刑罚权，让这种权力在法律的轨道上正常行驶，不至于践踏公民的自由。因此，现代社会中的刑法其实是一种刑罚法。

---

[1] 李海东：《刑法原理入门（犯罪论基础）》，法律出版社1998年版，第3—4页。

从刑法发展的历史中，我们可以看到一个明显的规律，那就是对于刑罚权的收缩，对于人权的保障。在远古时期，诸法合体，民刑不分，法起源于刑几乎是各国法制史上的通例。随着历史发展，法逐渐表现为一种不断分化的趋势，从刑法中分离出民法、行政法、经济法等各种法律，而且这些法律也逐渐丧失了其以刑罚为后盾的强制力，法越来越表现出一种非刑化的嬗变。刑法的萎缩与其他部门法的扩张形成了鲜明的对比。究其原因，关键在于随着市民社会与政治国家的分野，人们获得了更多的独立性，拥有了更大的自由，因此刑法在收缩的同时也表现为对国家权力更为严厉的规制。[1]可见，个人自由的保障是打击犯罪的上位价值。相比于其他法律，我始终认为，最应该"减肥"的法律是刑法，一部繁荣发达的刑法并非法治之福，"宽刑省狱、囹圄空虚"应该成为刑法学人的基本觉悟。

三、正义的国家与正义的人

《理想国》的一条基本主线是在讨论世界上有没有正义。如果有，那什么是正义？柏拉图认为可以从城邦的正义来看个体的正义，一个正义的城邦，其中人也是正义的。然而，这种推论并不符合逻辑和经验。城邦和个体是两个不同的概念，城邦的正义就能够推导出个体的正义吗？我对此深表怀疑。

《理查德·朱维尔的哀歌》这部取材于真实案件的电影非常深刻地说明了这个道理。理查德·朱维尔作为1996年亚特兰大奥运会爆炸

1　参见陈兴良：《本体刑法学》，商务印书馆2001年版，第76页。

案中发现炸弹装置的保安,被全世界熟知。当时他迅速采取行动,拯救了无数生命而成为英雄。但几天之内,情况就急转直下,联邦调查局认为他是想成为英雄,所以故意安放炸弹、贼喊抓贼。在媒体铺天盖地的报道下,理查德·朱维尔瞬间从英雄变成十恶不赦的歹徒。他向独立律师沃森·布莱恩特寻求帮助,坚定地宣称自己无罪。

然而,在为理查德·朱维尔洗脱罪名的过程中,沃森·布莱恩特发现自己对抗的是强大的办案机关。因为媒体已经大肆宣传FBI怀疑理查德·朱维尔是罪犯,假如他不是罪犯,就会显得FBI办案能力太差,所以FBI不愿向人们承认他们没有证据,他们不惜违背法律程序,不断设置圈套,一定要逼理查德·朱维尔承认他根本没做过的事。

88天后,FBI才正式宣布不再将理查德·朱维尔列为爆炸案的嫌疑人,但是他的一生已经被毁掉了。2007年8月29日,理查德·朱维尔死于糖尿病并发症引起的心力衰竭,享年44岁。他的母亲认为,事件带来的压力导致了他的早逝。

法治一方面要维护社会秩序,另一方面又要防止维护社会秩序的权力异化成社会秩序的破坏力量。《理查德·朱维尔的哀歌》提醒我们,不要把执法机关的光环投射到执法人员的身上,作为个体的执法人员,他们内心依然有幽暗的成分。一个人并不会因为从事正义职业就自然变得正义,情况可能恰好相反,人性的幽暗往往会给正义的事业蒙上灰尘。也正因为如此,执法人员的权力必须受到法律严格的约束——权力假使不被关进法治的笼子里,它必然会放大人的自欺与幽暗,假正义之名行邪恶之事。在人类历史上,这并不鲜见。

总之,在现代社会,刑法不仅要惩罚犯罪,也要约束惩罚犯罪的权力本身,即便执法机关是正义的化身,这也不意味着执法人员就是正义的代表。如果刑法只强调惩罚犯罪，那么"刑法"迟早会沦为办案人员的"想法"。"欲加之罪，何患无辞"的历史悲剧就会一而再，再而三地上演。

四、王法还是法王

罪刑法定思想，大体能追溯到1215年的英国《大宪章》。该宪章第39条规定："凡自由民非经依其贵族依法判决或遵照国家法律的规定，不得加以拘留、监禁、没收其财产、剥夺其法律保护权或加以放逐、伤害、搜索或逮捕。"大宪章包括序言和63个条文，全文充满着国王"不得……""自由人享有……"的句式，淋漓尽致地体现了臣民对王权的不信任和限制以及对自己权利和自由的渴望。大宪章最重要的精神就是"王在法下"。虽然国王签署了法律，但法律一旦实施，国王本身也要被置于法律之下。

与此对应的概念是"王法"，王凌驾于法律之上。北宋神宗年间，宋朝对西夏用兵，大败。神宗震怒，御笔一批要将一名督运粮食不力的官员给斩了。第二天，神宗问宰相蔡确，人斩了吗？蔡确说，不可斩。神宗问缘由。蔡确回答道："按照祖宗之法，不可杀士大夫，不能从您这开这个风气。"神宗非常生气又无可奈何，提议将那人刺配边远地区。结果副宰相章惇说那还不如杀了，理由是士可杀不可辱。神宗极为生气地说："快意事更做不得一件！"章惇直接回怼："这种快意事，不做也好"。[1] 很多人认为皇帝无所不能，乾纲

---

[1] 吴钩:《大宋之法》，广西师范大学出版社2022年版，第15页。

独断。但其实北宋的皇帝还是要受祖宗之法的制约，只是王安石变法将皇权从无形的笼子里释放出来，从此皇权拥有了超越法律之上的特权。[1]

刑法既要惩罚犯罪，又要保障犯罪人的人权。但是，很多民众认为刑法是对犯罪的规定，其主要功能应是打击犯罪，保护社会，更何况我国刑法第1条也只是说："为了打击犯罪，保护人民……制定本法"，这就更给人一种错觉：刑法就在于与犯罪作斗争。然而，刑法是根据宪法制定的。宪法第5条规定："任何组织或者个人都不得有超越宪法和法律的特权。"宪法第33条规定："国家尊重和保障人权。"正如上文所言，刑法的直接对象是刑罚，刑罚的直接对象才是犯罪。刑法在对刑罚权加以限制的同时，也肯定了这种限制之下的对犯罪加以打击的刑罚权。

利维坦是《圣经》中的怪兽，霍布斯把它比作国家。霍布斯认为，在自然状态下"人们不断处于暴力死亡的恐惧和危险中，人的生活孤独、贫困、卑污、残忍而短寿"[2]。人性充满着竞争、猜疑和虚荣。如果缺少让众人敬畏的共同权力，人与人的关系便是"战争状态"。为了避免这种悲惨的战争状态，人们让渡了自己的权利，形成了社会契约，于是诞生了伟大的"利维坦"。通过国家中每一个人的授权，利维坦便可以利用托付给它的权力和力量，通过其威慑组织大家的意志，对内谋求和平，对外互相帮助抗御外敌。[3]霍布斯认为，

1　参见赵冬梅：《大宋之变：1063—1086》，广西师范大学出版社2020年版，前言第9页。

2　[英]霍布斯：《利维坦》，黎思复、黎廷弼译，商务印书馆2009年版，第95页。

3　同上书，第131—132页。

"任何政府形式可能对全体人民普遍发生的最大不利跟伴随内战而来的惨状和可怕的灾难相比起来，或者跟那种无人统治，没有服从法律与强制力量以约束其人民的掠夺与复仇之手的紊乱状态比起来，简直就是小巫见大巫了。"[1] 放在科技落后的 17 世纪，霍布斯的论断可能是正确的，但是放到今天，人类拥有能够无数次毁灭自己的力量，这个说法显然不再合适。两次世界大战让人们从对社会契约公共意志的乐观假设中惊醒，利维坦式的国家权力滥用也许比无政府状态下的自然战争状态更为可怖。

绝对的个体权利和绝对的国家权力都是一种乌托邦。法治是对所有类型乌托邦的解毒剂，它并不期待最好的局面，而只是为了避免出现最坏的状况。国家不是完美的善，它只是必要的恶。利维坦是人造的怪兽，不应拥有毁灭人类的力量。霍布斯将国家视为人造的上帝，但它不是上帝本身，它的权力不能没有边界，依然要受到法治的约束。我始终认为，刑法只是最后法、补充法，不到万不得已不应该轻易动用。[2]

五、社会契约的两条道路

人的观念深受伟大思想的塑造。今天大多数人都以社会契约来

---

[1] ［英］霍布斯：《利维坦》，黎思复、黎廷弼译，商务印书馆 2009 年版，第 141 页。
[2] 刑法在法律阶梯中具有最后性，只有在其他法律（如民法、行政法）措施无能为力时才能作为最后手段补充适用。

论证法律的正当性。卢梭是社会契约论的集大成者，他认为人们为了保护自己不受他人的伤害，必须让渡一部分权利，达成社会契约，接受社会控制。人们在服从共同体的时候，实质上只是在服从他们自己，并且仍然像以往一样地自由。基于社会契约的主权，除了追求公共幸福，不会有其他目的。根据这种理论，民众选举的立法者颁布的法律具有天然的正当性，因为这是公共意志的体现，公共意志是不会有错的。

卢梭的论证逻辑其实和柏拉图有异曲同工之妙，他没有意识到组成公共意志的每个个体依然有幽暗的成分，公共的正义并不必然代表个体的正义。

美国哲学家罗尔斯对卢梭的社会契约论进行了修正，如果人们被一块"无知之幕"遮盖，这块幕布让人们不知道自己将处于何种阶层、性别或民族，也不知自己的教育水平如何，身体健康还是病弱，家境贫穷还是富裕，那么人们会选择一种什么样的社会呢？

我们肯定不希望来到一个弱肉强食、强者通吃一切的世界，因为我们并不知道自己是否智商正常，含着金勺子出生。因此，凡事不要设想得太好，还是要避免出现最坏的结果。所以，罗尔斯认为在"无知之幕"的遮盖下，会产生两种公正原则：第一种原则是为所有公民提供平等的基本自由，如言论自由和宗教信仰自由，这一原则要优先于社会功利和总体福利的考虑。即便你一贫如洗，智商为零，你依然拥有一些基本权利且是任何人无法干涉的，你也依然比世界上最聪明的熊猫和黑猩猩宝贵；第二种原则是关心社会和经济的平等，要用差异原则来纠正市场竞争产生的不公平，每个人所拥有的才能和天赋是不平等的，人们出生的起跑线就是不平等的，公共政策上应当向弱者适当倾斜，而非让强者通吃一切。

对于第二种原则人们有较大的争议，但是对于第一种原则并没有太大的争议。如果说卢梭的社会契约论可以视为一种形式上的社会契约，公共意志的形式保证了法律形式上的正义，那么罗尔斯的社会契约论则是论证了法律实质上的正义。无论如何，法律都不能剥夺人作为人最基本的权利，因此现代社会不再允许酷刑，不允许游街示众，要把犯罪人当人。

根据"无知之幕"理论，其实每一个人都要去思考，如果你成为犯罪嫌疑人甚至犯罪人，你是否希望法律保障你作为人最基本的权利，还是任由司法人员随意处置。

2023年最高人民法院工作报告指出，五年来审结一审刑事案件590.6万件，判处罪犯776.1万人。[1]

另根据国家统计局的数据，截至2021年，20年来刑事罪犯的总数为22498288人，接近2250万[2]，这是一个异常巨大的数据。犯罪人数呈现上升趋势，从2002年的701858人到2021年的1714942人。如果统计30年，甚至50年，罪犯的数量会是一个庞大的群体。其中有很多犯罪是与道德没有太大关系的，如捉麻雀、逮青蛙、拔

---

[1] 《最高人民法院工作报告（全文）》，载最高人民法院网2023年3月8日，https://www.court.gov.cn/zixun-xiangqing-391381.html。

[2] 2002—2021刑事罪犯总数（人），国家统计局国家数据，https://data.stats.gov.cn/easyquery.htm?cn=C01&zb=A0S0P。需要说明的是，具体的服刑人数还考虑到再犯现象，研究表明，20世纪八十年代，中国重新犯罪率约8%，21世纪初期上升到13—14%。2007年，全国被判刑2次以上的罪犯达15.98%。另外，研究表明截止2018年1月，四川省在押重新犯罪罪犯占在押犯总数的24.4%。即便以25%的再犯率进行统计，剔除再犯罪犯数量，近20年仍有1680多万服刑人员。据四川省监狱管理局课题组：《四川省刑释人员重新犯罪问题探析》，《犯罪与改造研究》2020年第5期，第2页。

野草等。当无知之幕落下,你能确保你或你的家人一定不会涉嫌犯罪吗?

最后,我想再次引用德国学者拉德布鲁赫关于刑法悖论性的话作为本章节结尾,因为他说出了我想说又说不出来的话。

"自从有刑法存在,国家代替受害人施行报复时开始,国家就承担双重责任,正如国家在采取任何行为时,不仅要为社会利益反对犯罪者,也要保护犯罪人不受被害人的报复。现在刑法同样不只反对犯罪人,也保护犯罪人,它的目的不仅在于设立国家刑罚权力,同时也要限制这一权力,它不只是可罚性的缘由,也是它的界限,因此表现出悖论性:刑法不仅要面对犯罪人以保护国家,也要面对国家保护犯罪人,不单面对犯罪人,也要面对检察官保护市民,成为公民反对司法专横和错误的大宪章。"[1]

想一想

你觉得有哪些人神共愤的行为,但刑法没有将其规定为犯罪的?

1　[德]拉德布鲁赫:《法学导论》,米健、朱林等译,中国大百科全书出版社1997年版,第96页。

罪犯：是自我决定的，又是被决定的

人为什么会犯罪，存在两种对立的立场。

最古老的立场是自由意志论，人在自由意志的决定下选择了犯罪，因此要为犯罪承担责任，对犯罪人的惩罚具有道义上的合理性。这种观点叫作决定论，即犯罪是人自由决定的结果。

后来这种观点受到了挑战，有人开始认为，很多时候，人之所以犯罪是迫不得已的，他没有选择的余地，换言之，他被决定了去实施犯罪。被什么决定呢？被自己特殊的生理因素、特定的成长环境、特定的背景……这些因素导致他不得不去实施犯罪。

自我决定，还是被决定，这看似是一个悖论。

一、自我决定论

传统刑法理论也就是古典主义推崇意志自由论，认为人们实施犯罪是基于自由意志，是自我选择的结果，犯罪人必须承担道义上的责任，善恶有报，对犯罪人的惩罚本身就是他该得的，无须考虑预防犯罪等其他目标。

在古典主义看来，人和机器人最大的区别在于，人有理性进行自治。用康德的话来说，道德法则对我们具有某种强制力，那是因为这些法则的创造者正是我们自己的理性意志。法律能够约束自治者是因为它获得了自治者的自我确认，没有人应受他人权威的指令，也没有人能够让一个自治的人违背他自己的意志。[1]人们所有的选择都是自我理性的一种体现，承受选择的后果本身就是人性尊严的体现。当小孩做了错事，有时大人不会惩罚他，理由是他还小，并非一个完全理性的人。但当孩子已经成年，不让他承担错误的后果则是对他人格的侮辱。

如果说康德强调理性人的道德自治，那么亚当·斯密则认为理性人的本质还有自私。亚当·斯密在《国富论》里曾说："我们的晚餐并非来自屠宰商、酿酒师和面包师的恩惠，而是来自他们对自身利益的关切。"请注意，斯密认为理性人的动机并不仅有自私，"人类除了经济动机外，还有道德、思想和审美动机"，[2]自私的利己和同情的利他始终是人性中两个互相冲突的动机。

受斯密的启发，古典主义最重要的刑法学家之一费尔巴哈提出了著名的心理强制说，以此论证罪刑法定原则。费尔巴哈认为：人有趋利避害的本能，选择犯罪是人理性的抉择。人是避免不快、追求快乐、权衡利弊之下进行活动的动物，如果把刑罚作为犯罪的后果预先予以规定，实施犯罪时立即执行法律上规定的刑罚，那么人

---

1 [美]乔尔·范伯格：《刑法的道德界限》（第三卷），方泉译，商务印书馆2013年版，第38，39页。
2 [美]利奥·达姆罗施：《重返昨日世界》，叶丽贤译，广西师范大学出版社2022年版，第405页。

们就会把不犯罪而产生的小的不快和因受刑罚而产生大的不快,合理地加以权衡。为了让人们能以大的不快抑制小的不快而不去犯罪,国家就有必要在法律上预先规定犯罪与刑罚的关系。既然人基于理性选择犯罪,自然也要根据他所了解的规则对他进行处罚。

二、生物决定论

MAOA 基因变异

2009年12月,意大利的一名男子因为被人嘲笑,将嘲笑者杀害。该男子因为罹患精神疾病被判九年有期徒刑。随后,他的律师提出上诉,上诉理由是被告人有 MAOA 基因变异,无法控制自己的暴力行为。二审法院部分采纳了这个辩解,对其减轻一年处罚。[1]

无独有偶,美国也有一个类似的案件,被告人和妻子关系一直不睦,两人分居。一日妻子和朋友两人把孩子送到丈夫家中,与丈夫发生争吵。丈夫一不做二不休,直接把妻子的好朋友杀害,然后极其残忍地把妻子砍死,手指都一根一根地剁掉。辩护律师给他做了基因测试,结果也是 MAOA 基因异常,律师认为此人是基因的奴隶,无法控制自己,法院遂对其从宽处罚,将一级谋杀降到二级谋杀。[2]

---

[1] Emiliano Feresin, Lighter sentence for murderer with 'bad genes', *Nature* 2009. Published online 30 October 2009, doi: 10.1038/news.2009.1050.

[2] 翟英范、皮艺军、邱格屏等:《从生物人到社会人——中国首次"犯罪生物学"专题学术研讨会纪要(上篇)》,载《河南警察学院学报》2014年第2期,第9页。

MAOA基因的学名是单胺氧化酶A基因,有科学研究表明,如果这种基因异常,人的暴力倾向会明显增加。MAOA基因俗称为"家暴基因",20世纪90年代,荷兰一群饱受家暴痛苦的女性组成了一个反家暴联盟。一位叫作玛格丽特的女人提出,家暴是否和基因有关?如果真的有关,那么切除家暴基因,就可以有效地减少家暴。人们在结婚之前,也可以做基因检测,如果对方有家暴基因,在结婚前就要慎之又慎。有一个叫作汉斯·布鲁诺的遗传学家居然开始了这方面的研究。1993年,他发表了研究成果,认为MAOA基因可能与暴力行为有关,并将之命名为"暴力基因",他还认为这种基因是可以遗传的。[1] 龙生龙、凤生凤,家暴的孩子会打人。

XYY染色体异常

以犯罪基因作为辩护理由并不罕见,最常见的辩解是超雄性也即"XYY染色体"。正常男性的染色体是XY,如果多出一个Y染色体,据说就容易发生暴力犯罪。对于这种辩解,有的人认为是无稽之谈,有的人则觉得很有道理。

1968年,澳大利亚的劳伦斯·汉尼尔杀害了女房东,律师认为被告人具有XYY染色体,具有天生的犯罪倾向,无法控制暴力冲动,请求从宽发落。法庭采纳了辩护理由,认为被告系精神病人,不负刑事责任,送往精神病院接受治疗。[2]

---

1 邱格屏、刘建:《基因科技与犯罪研究》,载《犯罪研究》2002年第2期,第11页。
2 乔梁:《杀人成瘾与"犯罪基因"》,载《百科知识》2012年第14期,第38页。

更为奇特的案件是美国2002年的哈克案,哈克是某学院的学生,因为品学兼优被选举为学生会主席,其父母都为人正派。但是某一日哈克突然性情大变,无法控制自己的性欲,居然意欲强暴亲妹妹和学校老师。为了降低自己的性欲,哈克开始服用雌性激素,但脾气越来越坏。一日在接受心理辅导时将老师刺伤。

在庭审过程中,律师以XYY染色体为由提出辩解。辩方的专家证人是美国著名的性学专家奥达,他认为哈克和其祖父都是基因的受害者,其祖父在儿时表现一直良好,品学兼优,却在16岁时因强奸罪入狱。祖孙两人都是在青春期犯罪,虽然现在已无法对哈克的祖父进行基因检测,但是有理由认为哈克的祖父也是XYY染色体。同时奥达指出研究表明,XYY染色体往往是隔代遗传,祖传孙的概率远高于父传子。

法庭为此案专门召开了听证会。法官认为自己虽然同情被告人,却无能为力。因为性染色体为XYY的人应当从轻处罚没有法律依据,科技的发展向法律提出了新的挑战。随后陪审团收到了被害人的一封信件,信中表达了对哈克的谅解,并希望科学能够解决XYY染色体的行为异常现象。陪审团最后决定对哈克从宽处罚,法官对其判处了一年有期徒刑。[1]

天生犯罪人理论

犯罪是基因的奴隶,这种观点最早由意大利刑法学家龙勃

---

[1] 林海:《欲魔与心智的搏杀——科学认识犯罪基因》,载《科学与文化》2004年第7期,第4—7页。

罗梭主张,他开辟了犯罪人类学派(Anthropological School of Criminology),提出了天生犯罪人理论。1876年他出版了《犯罪人论》,认为犯罪人就是生活在现代社会的原始人。[1]在他看来,有些人之所以犯罪,是因为他们在身体上和精神上的先天性特质。所以犯罪犹如人的出生、死亡、妊娠一样,是一种自然现象。

他还对不同类型的犯罪人特征作了具体描述,如天生杀人犯的特征是"冷酷的眼睛、鹰钩鼻子等;小偷的特征是东张西望、面无表情等;强奸犯的特征是头长、嘴唇厚、头发细等"。龙勃罗梭甚至认为犯罪与种族有关。他说:"劣等种族是天生为恶的野蛮人"。[2]这也为后来的种族灭绝提供了理论上的支撑。

1893年他和女婿又合写了《女性犯罪人》一书,重申了之前的观点,认为女性犯罪人也体现了隔代遗传的特征,是一种倒退回原始人类的返祖现象,他试图解释为什么女性的犯罪率相对较低,理由在于女性的返祖性没有男性高。[3]

在中国古代其实也有类似龙勃罗梭的主张,相信大家非常熟悉《三国演义》的魏延,诸葛亮说他脑后有反骨,这种反骨是精神性的还是生物性的,不好猜测。但是西汉大儒董仲舒,他基于其"天人感应"的宇宙图式,提出了"性三品"说。[4]将人性分为三种类型:圣人之性、中民之性、斗筲之性。圣人之性得天独厚,秉性纯良,

---

1 马克昌编:《近代西方刑法学说史略》,中国检察出版社1996年版,第151页。
2 阴家宝、张晓明:《犯罪学简介》,载《法律学习与研究》1986年第6期,第59页。
3 罗翔乔:《科学抑或荒诞:龙勃罗梭女性犯罪人理论述评》,载《犯罪与改造研究》2018年第12期,第3—4页。
4 董仲舒:《春秋繁露·实性第三十六》。

不待教而成；中民之性气质驳杂，可以为善可以为恶，需要教化的引导；斗筲之性全是浊气所钟，属于冥顽不灵之徒，无法教化，只能运用刑罚来制裁。

这里的斗筲之徒不知是不是就是龙勃罗梭所指的天生犯罪人？

龙勃罗梭的天生犯罪人理论有一个巨大的风险。如果一个人被鉴定出有犯罪基因，那么在他犯罪之前，是否就可以为了保护社会而对他进行惩罚呢？按照龙勃罗梭的逻辑，结论是肯定的。

按照这种推论，任何人出生都应被检测基因，有犯罪基因的一律搞死。当然，也许没有必要那么残忍，比如可以关押起来，与社会隔绝，"废物"利用，让他们成为苦力为社会提供免费的劳动力，谁让你有犯罪基因呢？

但是，这种犯罪基因又由谁来判定呢？医生？犯罪学家？这种权力如果被滥用，怎么办？而且，凭什么认为这种基因就一定会导致犯罪呢？如果进行基因测序，发现某种基因存在犯罪冲动，这类孩子还能出生吗？这就造成每一次生儿育女似乎都存在巨大的风险，因为说不定就生出一个天生犯罪人，不得不忍受骨肉分离。甚至你成长的每一年都要进行一次体检，以筛查你是否存在犯罪基因。而你是没有辩解空间的，因为这一切都打着"科学"的名义。大家不要认为这只是科幻小说，历史上斯巴达的婴儿落地时，如果被认为不够健康就要被扔掉，因为他无法成长为城邦所需要的战士。

三、社会决定论

龙勃罗梭的观点一经提出，立即引起轩然大波，社会各界口诛笔伐，甚至激怒了整个欧洲。

如果大家看过托尔斯泰的《复活》，就会看出托尔斯泰对龙勃罗梭的观点非常厌恶，他借主人公聂赫留波夫公爵参加陪审团审理，叙述了当时检察官运用天生犯罪人理论的高谈阔论："他的演讲（指副检察官的检控词）引用了当时在他们圈子里很流行的最新理论。这种理论不仅在当时很时髦，就是到今天也还是被看成学术上的新事物，其中包括遗传学、天生犯罪人说、龙勃罗梭、塔尔德……"

副检察官口中不时蹦出诸如"隔代遗传""退化""病态"等名词，真实地折射出在当时的俄国刑事司法实践中，天生犯罪人论有很大的影响力。

龙勃罗梭依赖于病理解剖学和人体测量学，通过测量卖淫者的颅骨容量、枕骨大孔的面积、面部的角度和周长、下颌的重量等参数，并对卖淫者的颅骨和大脑病理性异常和面部、头颅异常的分析，得出结论："卖淫女性中几乎所有的异常现象都比女性犯罪人更常见，并且进一步观察到这两类女性的异常情况比正常女性更多。"[1] 然而托尔斯泰用《复活》进行了反击，小说女主人公玛丝洛娃也是卖淫女，她天真善良，被腐化堕落的贵族少爷诱奸，始乱终弃，陷入悲惨遭遇，沦为卖淫女，还被诬告谋财害命，被腐败的司法体系判处苦役。

在《复活》中，托尔斯泰将罪犯分为五类：第一类是完全无罪，被法院错判的。第二类是在激情状态下实施犯罪的，比如，"在狂怒、嫉妒、酗酒等特殊情况下"实施犯罪的。托尔斯泰认

---

[1] 罗翊乔：《科学抑或荒诞：龙勃罗梭女性犯罪人理论述评》，载《犯罪与改造研究》2018年第12期，第7页。

为,那些审判他们的人处在相同情境多半也会犯罪。他认为这一类人大概超过全体罪犯的半数。第三类人所做的事情没有任何不道德,只是因为法律的禁止而成为犯罪,这也就是法定犯。第四类人成为罪犯则是因为他们的品德高于社会上的一般人,如司马迁被汉武帝判处宫刑。第五类人走上犯罪道路是社会的原因,他们被社会抛弃,经常受到压迫和诱惑,以致头脑愚钝,在生活压力之下铤而走险。对于这一部分罪犯,社会对他们所犯的罪要比他们对社会所犯的罪重得多。[1]

在托尔斯泰看来,前四类罪犯是天生犯罪人理论无法解释的,而他们在罪犯数中占比极大。至于第五类犯罪,托尔斯泰认为他们走上犯罪不是因为先天的生物因素,而是后天的社会因素,只要积极进行社会制度的改良,这一部分人也有救赎的可能。这从根本上颠倒了龙勃罗梭的结论,虽然它依然是被决定的。这些人犯罪不是因为他们想犯罪,而是社会的大染缸把他们染黑了。

所以,托尔斯泰主张对罪犯无条件的饶恕,他持彻底的和平主义态度,不参战,不从事公职,甚至主张应当取消法院、警局和一切政府机构,主张无政府主义。这显然混淆了个人的道德自律与国家的司法原则两者的区别。司法的首要原则是公平,公正的报复是必要的。不能混淆司法原则与人际交往的原则,如果把饶恕作为司法的首要原则,那么必将导致许多罪犯无法受到应有的惩罚,这不仅对被害人不公平,也会造成社会不安定。

当然,托尔斯泰认为有一部分人犯罪也是身不由己,但这并非

---

[1] 李想:《救赎的虚妄——从龙勃罗梭与托尔斯泰之争看实证主义犯罪学》,载《刑法论丛》2011年第3卷,第548页。

基因的缘故，而是社会的原因。因为社会的乱象让人性扭曲，从而走上犯罪的道路，这其实也是一种决定论，即社会决定论。

四、综合决定论

龙勃罗梭有两个学生，菲利和加罗法洛，他们试图调和天生犯罪人和社会决定论的矛盾。龙勃罗梭到了晚年，部分修正了自己的理论，在学生菲利等人的影响下，在其晚期著作中降低了天生犯罪人在总的犯罪中的比例，强调堕落对犯罪产生的影响。人之所以会犯罪不是由于基因而是由于堕落，这也是一种变异。[1]

菲利认为犯罪是由三个原因决定的，首先是个体的生物原因，其次是自然原因，再次是社会原因。

犯罪饱和理论

菲利提出了著名的犯罪饱和原理理论（The Law of Criminal Saturation），认为在具有特定量的引起犯罪的个人、物理和社会因素的社会，必然会发生一定量的犯罪。只要社会上存在一定量的这些因素，则必然引起一定量的犯罪。按照这个观点，犯罪是不可能被消灭的，而且人之所以犯罪，也是被决定的，当然基因只是其中一个因素，同时还有自然原因和社会原因。比如，我们经常听到的家庭缺乏关爱、留守儿童，或者天气太热导致的犯罪等。

1　陈兴良：《刑法的启蒙》，法律出版社2003年版，第169—170页。

既然犯罪的数量是由这三个因素组合确定的，那么犯罪就不是一种偶然现象，而是不可避免的。它虽然有时候增多，有时候减少，但这些变化在一个较长的时间内，会积累成一系列犯罪浪潮。

菲利认为它类似于化学定律的法则，就像一定量的水在一定的温度下会溶解一定量的化学物质，而且不多也不少，在有一定的个人和自然条件的特定社会环境中，也会发生一定量的犯罪，不多也不少。[1]

正如温度急速升高，水所溶解的化学物质会增多，当犯罪的自然原因和社会原因发生变化，犯罪也会发生周期性的变化，甚至出现犯罪的过度饱和现象。在犯罪的三种因素中，最容易改变的是社会原因，因此立法者可以通过改造社会来减少犯罪。比如，夏天某贫民窟性犯罪多发，自然因素（夏天）和犯罪人的个人原因可能不太好改变，但是该地的教育水平、经济水平、居住状况这些社会因素是可以改变的。

犯罪饱和理论提醒我们犯罪不可能被消灭，它像台风、海啸等自然灾难一样都是人类不可避免会面对的现象，只是我们需要把犯罪控制在合理的范围之内，避免犯罪泛滥导致社会解体。

犯罪人类学派向犯罪社会学派的转向

菲利的观点导致犯罪人类学派朝着犯罪社会学派（Sociological School of Criminology）转向，不再把犯罪作为一种单纯的生物现

---

[1] 参见菲利：《犯罪社会学》英文版，1917年，第209页。转引自吴宗宪：《西方犯罪学》，法律出版社1999年版，第164页。

象，而主要看成一种社会现象进行研究。顺着这种研究思路，随后的法国社会学家迪尔凯姆（又译涂尔干）甚至认为犯罪是社会的正常现象，而不是病态现象，"社会组织的基本条件合乎逻辑地包含着犯罪"。迪尔凯姆认为犯罪有很多益处，如能够推动法律发展、促进社会进步、加强社会团结、明确道德界限、降低社会紧张等。[1]

无独有偶，马克思也同样认为犯罪作为一种非法的利益表达和获得方式，不但有着社会排污功能、警示功能、"安全阀"功能，可以促使全社会去正视和解决社会肌体本身的弊病，而且也在一定意义上"推动了生产力"的发展。一如我们不能完全消灭寄生于人类的细菌病毒一样，犯罪也不可能被消灭，只要它被控制在社会发展所允许的范围内，这个社会就是健康的。

菲利主张犯罪的三原因论，被德国刑法学家李斯特修正为二原因论。最初他认为犯罪是纯粹的社会现象，但随后，李斯特认为个人因素也会影响犯罪，所以提出了"犯罪原因二元论"。李斯特认为，"任何一个具体犯罪的产生均由两个方面的因素共同使然，一个是犯罪人的个人因素，一个是犯罪人的外界的、社会的，尤其是经济的因素"。[2]

于是，对于犯罪的治理最重要的是社会制度的革新，也就是李斯特所说的"最好的社会政策是最好的刑事政策"。为了减少犯罪，需要不断进行社会革新。然而，我们发现，无论社会如何革新，恶

---

[1] 参见汪明亮：《论犯罪饱和性生成模式：犯罪宏观生成模式研究》，载《刑事法评论》2006年第2期，第616页。

[2] ［德］弗兰茨·冯·李斯特：《德国刑法教科书》，徐久生译，法律出版社2000年版，第9—10页。

性的案件依然是层出不穷。很多人犯罪之后，都会把锅甩给社会，甩给环境，但这个锅就一定能彻底甩掉吗？

五、刑事实证学派的方法论反思

无论是龙勃罗梭，还是加罗法洛、菲利都被称为"刑事实证学派"（Positivist School of Criminology），他们排斥先验或形而上学的思辨，强调对统计数据进行经验分析。实证学派对古典学派（Classical School of Criminology）提出了彻底否定，他们认为人之所以犯罪，不是自由选择的结果，而是自然、社会、个人等因素作用的产物。刑罚的对象应该从传统的对行为的重视转向对行为人的关注，"行为刑法"应当转变为"行为人刑法"，刑罚的目的是保护社会，如果行为人存在人身危险性，可以先下手为强，即便没有实际的行为，为了保护社会，也可以发动刑罚。

实证主义的非实证推导

刑事实证学派的主张对于刑法理论的发展起了重要作用，它是实证主义在刑法领域中的体现。实证主义的鼻祖孔德在其代表作《论实证精神》中，提出了著名的认识三阶段论，他指出：我们所有的思辨，无论是个人还是群体，都不可避免地经历三个阶段，即神学阶段、形而上学阶段和实证阶段。他认为，第一阶段虽然从各个方面来看都是不可缺少的，但它却是临时和预备的阶段。第二阶段是解体性的变化阶段，仅仅包含单纯的过渡目标。第三阶段才是唯一正常的阶段，人类理性的定型体制的各个方面均属于该阶段。[1]

图3：孔德的认识三阶段论

孔德对于形而上学嗤之以鼻，认为这些声称能够找到终极答案的哲学不过只是蛊惑人心，毫无意义。他认为哲学应当避免研究不可见的终极真理，只应该研究感官可见的经验材料。[2] 但是正如有人所言，孔德关于这三个阶段的论述本身却并非实证的，它无法为人类的经验所验证，说到底还是一种形而上学的推导。

孔德是社会学的奠基人，他曾是法国思想家圣西门的秘书，后因不甘居人下与圣西门分道扬镳。孔德娶了一个职业妓女为妻，如果他知道龙勃罗梭关于卖淫与天生犯罪人的研究，不知道会不会清理门户，将龙勃罗梭逐出实证学派。

孔德一生的绝大多数时光，都在提倡一种清洁大脑的方法，拒绝阅读其他哲学家的著作，也拒绝阅读新闻杂志，以便让自己的思想没有污点。所以有人批评孔德说：孔德宣称自己的方法必不可少，

1　[法] 奥古斯特·孔德：《论实证精神》，黄建华译，商务印书馆1996年版，第1—2页。

2　[美] 史蒂夫·威尔肯斯，阿兰·G.帕杰特：《19世纪的信仰与理性》，上海人民出版社2017年版，第185页。

并规定由自己的方法检验自己的真理。这是完全循环的论证，而且是完全不受批评的教条。[1]非常类似时下流行的一种思维——我认为我正确且不接受任何反驳。

孔德的实证学说是在19世纪末西方自然科学技术取得巨大成就的背景下产生的，自然科学的成就使人产生了一种幻觉：和自然一样，社会也存在一种可被发现的客观规律，而实证方法就是发掘这个规律的最佳手段。"因此，真正的实证精神主要在于为了预测而观察，根据自然规律不变的普遍信条，研究现状以便推测未来。"[2]

孔德拒绝形而上学的终极真理，但却创立了自己的终极真理——认为通过实证研究可以发现社会发展的客观规律。实证学说使得掌握客观规律的人自然也有了一种通神的感觉，可以指点江山，预测未来。实证主义者如同上帝一般成了未来的预言者，并通过对规律的了解，终结了社会的发展。但是人类的理性不可能完全掌握认识规律所需的全部事实，因此他们最多只能窥见未来规律之一斑，而不可能认清全部。另外，这种理论的另一个致命弊病在于：我们既然已经掌握了人类发展的终极规律，就可以用各种手段要求人们为这种美好目的去奋斗，而这种用目的证明手段正确性的后果是极为可怕的。

1　[美]史蒂夫·威尔肯斯，阿兰·G.帕杰特：《19世纪的信仰与理性》，上海人民出版社2017年版，第185页。
2　[法]奥古斯特·孔德：《论实证精神》，黄建华译，商务印书馆1996年版，第12页。

社会优先理论与替罪羊

刑事实证学派主张社会优先理论。在实证学派看来,社会具有优越于个人的利益,人们要服膺于社会的意志。如迪尔凯姆所言:人与人之间有两种关系,一是机械的连带关系,像分子构成结晶体一样,个人被纳入整体之中;二是有机的连带关系,个人是社会有机体中的一员,应该为社会有机体的发展作出贡献。[1]

在迪尔凯姆的《自杀论》中,他提出了著名的失范理论。这种理论认为,犯罪是由失范所造成的,在正常的社会中,社会能约束人的欲望,并规定了人欲望的界限,让人不会有过分的想法,但是在社会处于激烈变动即失范状态中时,社会就不再能够限制人们的欲望,从而那些无法认识到自己欲望界限的人们在急剧膨胀的欲望驱使下,就可能采取某些包括犯罪在内的极端方法去满足自己的欲望。[2] 因此迪尔凯姆认为,社会较之个人具有优先性。

根据这种社会优先思想,刑事实证学派提出了一系列主张,强调社会利益的重要性。他们反对古典学派的"道义责任论",提倡"社会责任论",也就是说惩罚犯罪不是根据行为人在道义上的可谴责性,而是从保护社会的角度进行评价。把这种观点推到逻辑的极端,即便一个人完全无辜,但是为了社会的需要也是可以作为替罪羊被牺牲和放弃。

迪尔凯姆就认为犯罪的一个重要功能就是加强社会团结。他认为社会成员的集体意识是社会团结的重要来源,这种集体意识可以

---

1 参见陈兴良:《本体刑法学》,商务印书馆2001年版,第46—47页。
2 参见吴宗宪:《西方犯罪学》,法律出版社1999年版,第109—110页。

通过牺牲个人利益来实现。[1] 对于犯罪人的仇恨就可使大部分人获得集体意识的满足感和优越感。迪尔凯姆把这种优越感、良好感、正确感看成是社会团结的主要来源。

因此，犯罪人的存在具有维持和加强社会团结的作用，因为违法犯罪人被社会认为是低劣的，这就能使社会的其他部分人产生优越感，并促使他们加强团结，以便对付违法犯罪者这种共同的敌人。[2]

很多人对犯罪人及其家属不加区分地表示仇恨与歧视，这在很大程度可以佐证迪尔凯姆的观点，民众这种感性上的偏见会对可能出现的替罪羊现象视而不见。

人身危险有标准吗？

刑事实证学派既然源于孔德的实证主义，在很多方面就不可避免地打下了这种理性狂妄的烙印。比如，关于犯罪人的分类，无论是龙勃罗梭、菲利还是加罗法洛，都无一例外认为能够通过实证方法，获得对人身危险性的准确认识，并且在这种认识的基础上，可以通过不定期刑实现刑罚个别化以防卫社会。

惩罚就像治病一样，病（人身危险）什么时候治好，什么时候出院（狱），治疗期限（刑罚期间）不固定，没有必要事先确定（不定期），具体问题具体分析，不同的人要进行个性化的治疗（惩罚）。

1　[法]埃米尔·涂尔干：《社会分工论》，渠敬东译，生活·读书·新知三联书店2017年版，第355—356页。
2　吴宗宪：《西方犯罪学》，法律出版社1999年版，第113页。

但是对于犯罪人的分类以及对于主观人身危险性的认识,并不像古典学派所主张的客观危害那样有一定的客观标准,那么,这种认识又有多大的科学性可言呢?他们所谓的实证标准本身又能不能接受实证的检验呢?

更为可怕的是,这种也许只有上帝才能准确认知的人身危险性居然成了他们为防卫社会而用来诊断、治疗甚或打击、镇压犯罪人的标准。这么一来,他们的主张在理论上和事实上,就很容易导致权力的滥用。

如墨索里尼政权在1930年制定的《意大利刑法典》,在刑法史上第一次系统性地规定了"保安处分"制度,认为不论是否实施了犯罪,只要是法官推定为"对于社会有危险性的人",就可以适用保安处分。这个规定为刑罚擅断大开方便之门。

希特勒上台之后,也将原刑法(1871年《德国刑法典》)中对国家权力的限制条款悉数废止。将原刑法第2条规定的罪刑法定原则修改为:"任何人,如其行为依法律应处罚者,或依刑事法律的基本原则和人民的健全正义感应受处罚者,应判处刑罚。如其行为无特定的刑事法律可以直接适用者,应依基本原则最适合于该行为的法律处罚之。"所谓依据"人民的健全正义感"处罚,其实质也就是根据法西斯政权的好恶来定罪量刑,这与取消刑法无甚区别。同时,德国还颁布了大量的特别法,法外制裁更是难以计数。

德国诗人荷尔德林说,往往是那些善良的愿望把人带向了人间地狱。是的,人类的终极发展规律不可能被尘世中有限的人类全然知晓,我们不能宣称自己掌握了某种绝对真理而不择手段地要求人们为了这种貌似崇高而且善良的目的去行动。

六、没有结论的结论

回到我们最初的问题：人为什么选择犯罪？

人是自由选择的，还是被决定的。大家有答案了吗？

自由意志强调人的理性，但人并非完全的理性，人内心中的理性、欲望和激情始终处于冲突的状态；但人也并非完全非理性的存在，如果任由欲望拉扯，人必将被撕成碎片。

被决定论则强调人的身不由己，无论认为犯罪是由基因、自然还是社会决定的，都会导致责任的消解，当你甩锅给社会，社会也会甩锅给你。它可以随意诊断你具有人身危险性，以治疗为名剥夺你的基本权利。

没有最好的选择，只有最不坏的抉择。

决定论与被决定论，就像人的命运与自我决定的关系。我们无法选择自己的时代，正如我们无法选择自己的出生地和母语。[1] 我经常引用的爱比克泰德的话：我们登上并非我们所选择的舞台，演绎并非我们选择的剧本。我们一生中能够决定的事情很少，也许只有 5%，但也许这 5% 也可以撬动 95%，一如阿基米德撬动地球的支点。

因此，即便人生的命运很多时候是被决定的，我们依然需要努力，如果根本不努力，也许你就浪费了一手好牌。爱默生说，"除了你自己，没有什么可以给你带来平静，除了个人原则的胜利。"当然也有人在爱默生的话后面续了一句：光有这些，没有好运气，还是

---

1 [美]乔尔·范伯格：《刑法的道德界限》（第三卷），方泉译，商务印书馆 2013 年版，第 50 页。

不够的。[1]

一个人被判死刑，他对法官说："我命中注定会去杀人，所以判处我死刑是不公平的。"法官对他说："我也是命中注定要去判处一个杀人犯死刑。"

所以，即便一切都是命中注定，但每一个人依然要为自己的行为承担责任。

想一想

在电影《少数派报告》中，随着科技的发展，人类发明了能侦察人的脑电波的高智商机器人"先知"。"先知"能侦察出人的犯罪企图，所以警察得以在罪犯犯罪之前，逮捕他并判刑。如果科技真的能够预测犯罪事件，你会支持这种犯罪预防机制吗？

---

[1] [美]乔尔·范伯格：《刑法的道德界限》（第三卷），方泉译，商务印书馆2013年版，第46页。

犯罪：邪恶才犯罪，还是犯罪才邪恶

一名高校女生，因为罹患抑郁症，从海外购买精神类药品。她如实填写了收件地址，被轻松抓获，后被控走私毒品罪。通过这起案件，我才知道麻醉药品、精神类药品既是药品，又是毒品。刑法第347条规定："走私、贩卖、运输、制造毒品，无论数量多少，都应当追究刑事责任，予以刑事处罚。"法院考虑到此案情有可原，而且被告身患重度抑郁，经鉴定为限制刑事责任能力人，最后对其判处了缓刑。虽是缓刑，女生也被贴上了犯罪的标签，她的人生轨迹被改变了。

女孩问了我一个问题："不是说刑法是对人最低的道德要求，难道我在道德上做错了吗？我的行为邪恶吗？"这让我陷入了深深的思考，不知道该如何回答这么沉重的问题。

一、自体恶与禁止恶

这涉及犯罪本质的争论。犯罪是一种恶，这种恶是因为"它是犯罪所以邪恶"，还是因为"邪恶所以成为犯罪"呢？随意虐杀他人，自然是一种邪恶的行为，所以刑法将其规定为犯罪。但是抓几只鹦鹉，在刑法中也可能是犯罪，这也是因为行为本身邪恶吗？

早在古罗马就有自体恶和禁止恶的争论，自体恶是指某种行为的恶是与生俱来，该行为本身自带的。禁止恶则是指某种行为因为法律的禁止所以成了恶，恶并非行为本身所具有的。[1] 因为邪恶所以犯罪，还是因为犯罪所以邪恶？这是两种完全不同的视角，它既是逻辑问题，又是现实问题。但无论如何它都不是书斋中的空谈。

柏拉图写的《欧悌甫戎》提到了一个类似的故事：苏格拉底被人控告毒害青年，在法院门口碰见了欧悌甫戎，这个年轻人来告自己老爹。欧悌甫戎是一个富二代，家里有奴隶，奴隶甲杀了奴隶乙。所以老爹把甲捆起来扔在了沟里，派人去问庙祝如何处置，结果甲在饥寒交迫中死了。欧悌甫戎认为父亲杀人是不虔诚的，自己控告父亲则是出于虔诚，但家里人却认为儿子控告父亲不虔诚。

苏格拉底于是问欧悌甫戎"什么叫作虔诚"？欧悌甫戎给出的回答是："神灵喜爱的就是虔诚的，神灵不喜爱的就是不虔诚的"。

但是苏格拉底提醒这个年轻人注意，因为神灵喜爱所以虔诚，还是因为虔诚所以神灵喜爱，这两者是有区别的，"因为一个是由于被喜爱而成为可爱的，另一个是由于本来可爱而被喜爱的。欧悌甫戎啊，我问你虔诚是什么的时候，你似乎不想说出它的本质，只举出它的一个偶然情况：被一切神灵所喜爱。至于它本来是什么，你并没有说。"

欧悌甫戎就像我们一样，对很多宏大的词汇，理解是混乱的。

---

[1] 参见陈兴良：《法定犯的性质和界定》，载《中外法学》2020年第6期，第1465页。

许许多多我们赖以思考的基本词汇,正义、自由、平等、良善等,我们感觉自己知道它的准确含义,但是一旦被追问,我们就感觉自己茫然无知。

如果犯罪在本质上是一种邪恶,只有邪恶的行为才可能是犯罪,那么立法者就只能发现犯罪而不能发明犯罪,任何犯罪都必须有其道德上的亏欠。但如果犯罪本身与邪恶无关,只是因为法律将一种行为规定为犯罪,让其变得邪恶,那么犯罪就不是被发现,而是被立法者发明的,即便没有道德亏欠,立法者也可随意将一种行为贴上犯罪的标签。

二、自然犯与法定犯

因为古老的自体恶和禁止恶的分类,有人就将刑法中的犯罪区分为自然犯和法定犯,前者是违反伦理道德的犯罪,杀人、放火、抢劫、强奸,在伦理上本来就是邪恶的行为,任何文明国家都会视之为犯罪,自然而然就被刑法规定为犯罪。

法定犯的反伦理性不强,行为本身并不邪恶,只是因为法律的禁止而成了犯罪,贴上了恶的标签,比如危害珍贵濒危野生动物罪、走私罪、偷越(国)边境罪等。

然而,存在并不一定意味着合理,"是"(to be)并非当然等同于"应该"(should be)。自然犯这个概念的提出者就认为只有自然犯才是真正的犯罪,法定犯则属于假的犯罪。

"自然犯罪"这个概念由加罗法洛首创。加罗法洛认为"怜悯"和"正直"是两种基本的利他情感,伤害这两种情感的行为就是自然犯罪。[1]在加罗法洛看来，只有自然犯才是真正的犯罪，自然犯这一概念从提出来就是对当时法律中现实存在的犯罪概念进行限缩。

加罗法洛反复提醒的是"在没有对普遍道德感造成伤害的情况下，既不可能存在犯罪，也不可能存在罪犯。"[2]加罗法洛没有提过法定犯的概念，这个概念是后人的附会。在加罗法洛看来，法定犯根本就不是真正的犯罪。

自然犯这个概念一经提出，就遭到强烈的反对。最普遍的反对意见是：如果按照加罗法洛设定的犯罪界限，大量的犯罪都将被排除在外。对此加罗法洛平静地指出：这正是自己研究的目的，他的研究只限于应罚之事实。在他看来，只有这才是科学研究的对象。[3]对于实证法学派提出的犯罪是被刑法禁止的行为这一理念，即"唯一存在的自然犯罪就是法律认为是犯罪的犯罪"，加罗法洛进行了严肃的批评，认为他们不过是玩弄文字游戏。[4]

那么，犯罪应该是自然的还是法定的呢？犯罪是立法者的发现还是发明呢？从表面看，当前刑法似乎是法定犯与自然犯双足鼎立，看似各自开枝散叶，但其实更像两棵纠缠的大树，剪不断理还乱。

刑法中有许多自然犯，诸如杀人放火，也有不少法定犯，如非法经营、倒卖文物。但是还有一些犯罪，看着既像是法定犯，又像自然犯。比如2021年刑法修正案（十一）增设了一个非法植入基因编辑、克隆胚胎罪，"将基因编辑、克隆的人类胚胎植入人体或者动

---

1 ［意］加罗法洛：《犯罪学》，耿伟、王新译，中国大百科全书出版社1996年版，第44页。
2 同上书，第49页。
3 同上书，第54页。
4 同上书，第55页。

物体内，或者将基因编辑、克隆的动物胚胎植入人体内，情节严重的，处三年以下有期徒刑或者拘役，并处罚金；情节特别严重的，处三年以上七年以下有期徒刑，并处罚金。"

这个罪名的起因是贺某奎基因编辑案，2018年某大学副教授贺某奎宣布一对名为露露和娜娜的基因编辑婴儿于当年11月在中国健康诞生，由于这对双胞胎的一个基因（CCR5）经过修改，她们出生后即能天然抵抗艾滋病病毒HIV。该消息震惊世界，该案后经当地人民法院判决，贺某奎等3名被告人因共同非法实施以生殖为目的的人类胚胎基因编辑和生殖医疗活动，构成非法行医罪，分别被依法追究刑事责任。但基因编辑是否属于行医，存有一定争议，所以刑法修正案（十一）增加了这项新罪。然而，无论是非法行医罪，还是非法植入基因编辑、克隆胚胎罪，到底是自然犯，还是法定犯？其实也不太好区分。

三、权利与利益

自然犯对应于自体恶，它是一种违反伦理道德的犯罪，而法定犯则对应于禁止恶，它是违反国家行政管理秩序而为法律所禁止的行为。[1] 在某种意义上，所有的犯罪都是法定犯，因为"法无明文规定不为罪，法无明文规定不处罚"。如果没有法律的规定，任何行为都不可能自然而然地被视为犯罪。然而，犯罪为法律所规定，这只是犯

---

[1] 刘艳红：《侵犯公民个人信息罪法益：个人法益及新型权利之确证》，载《中国刑事法杂志》2019年第5期，第23页。

罪的形式特征。更重要的是要去探究犯罪的实质特征，立法者为什么会将一种行为规定为犯罪，犯罪的底层逻辑是什么？如果忽略犯罪的实质特征，那么立法就会没有边界，立法者也就会恣意而为。

人们起先认为犯罪是侵犯个人权利的行为，如果没有侵犯权利，那就不是犯罪。当你翻开刑法条文，你会发现自然犯，诸如杀人、强奸、盗窃、诈骗依然使用的是侵犯权利的表述，刑法分则第四章侵犯公民人身权利、民主权利罪，第五章侵犯财产罪集中了大量的自然犯。权利侵犯说可以追溯至贝卡利亚的《论犯罪与刑罚》，并经费尔巴哈发扬光大。

但是，权利侵犯说有一个短板，就是很难回答法定犯这种没有侵犯权利，但却依然被规定为犯罪的现象。[1] 比如，刑法分则第六章妨害社会管理秩序罪，诸如妨害公务罪、偷越国（边）境罪就不太好说侵犯了何种个人权利。为了批判权利侵犯说，法益侵犯说应运而生。"法益"就是法律所保护的利益。这种利益有个人利益，也有社会利益、国家利益等超个人法益，换言之也就是集体法益。刑法保护法益，犯罪则是对法益的侵犯，这个断言已经成为我国刑法的通说。

法益和权利相比有什么优势呢？优势就在于它的解释面宽，法益理论很容易使用社会利益、国家利益等超个人的利益为法定犯提供全面的辩护，为刑罚扩张与国家威权提供正当化的依据。但是法益理论的优势也会成为它的劣势，解释面太宽也就代表着无须解释，其存在就是正当合理的。

早期的法益理论是实证主义法学观念的折射，它强调人民对国

---

[1] 张明楷：《新刑法与法益侵害说》2000年第1期，载《法学研究》2000年第1期，第28页。

家的绝对服从,任何立法者认为有必要保护的都可以是法益,立法者所设置的法定犯也就没有任何节制。[1]法益几乎成为一种空洞的概念,可以任意解读。二战前就有大量的刑法学者为国家主义背书,有人就认为法益是国家所保护的利益,国家是最高位阶的法价值,只要是国家规定的犯罪,那它都是合理的,因为背后都有国家所需要保护的利益。[2]刑法也就成为一种单纯维护社会稳定的控制手段,法治限制刑罚权的诫命被彻底放弃。

有一本小说叫作《密室》,它讲述了二战时期发生在荷兰哈林市的真实故事,作者柯丽·邓·波姆生活在一个平凡的钟表匠家庭。二战爆发后,战争席卷了哈林市,许多犹太人被迫害、被屠杀。柯丽这个极其普通的女孩却决定和家人一起实施一桩"犯罪行为",那就是在自家的古宅中辟出一间密室,收容饱受迫害的犹太人。他们的"罪行"后被发现,波姆一家因为帮助犹太人,被关入了集中营。柯丽的父亲嘉士伯被迫害而死,姐姐碧西也死在了集中营里。按照当时的法律,隐藏犹太人就是犯罪,这是法律规定的。

二战之后,人们对法益理论进行检讨,认为它很容易成为"立法即正确"的代名词,所有侵犯个人权利以外的犯罪都可以被归结为侵犯了社会利益或国家利益。为了实现法益的立法批判功能,二战之后德国的刑法学者开始倡导法益还原理论,超个人的集体法益仅当可以还原为个人利益时,才值得被刑法所保护。

---

1 [日]木村龟二主编:《刑法学词典》(上),顾肖荣、郑树周等译,上海翻译出版公司1991年版,第192页。
2 黄宗旻:《法益论的局限与困境:无法发展立法论机能的历史因素解明》,载《台大法学论丛》2019年第1期,第176页。

集体法益作为一种公共利益，它可以在两种意义上归结于对个人法益的损害。一种是无数个人所拥有的某种特定利益的总和，如放火罪所危及的公共安全。这种公共利益和每个人都有直接关系。另一种是绝大多数人在同一或类似的事情中所包含的利益，如环境损害对几乎所有人的利益都会造成损害，它和每一个人都有间接的关系。

显然，侵犯第一种公共利益的犯罪其实是自然犯，这种公共利益完全是个人利益量的集合。法定犯所侵害的是后一种公共利益，这种公共利益并不要求绝对还原，但它在经验法则上最终可以归结于对个人法益的侵犯。

不知道大家有没有注意到一个历史性轮回，法益还原理论其实就是修正版的权利侵犯说。法益侵犯说是对权利侵犯说的否定，法益还原理论则是对法益侵犯说的否定，否定之否定，又重新回到了更为高级的权利侵犯说。

四、权利是一种高纯度的法益

"权利"是法律中的超级概念，有人认为权利就是类型化的法益，也就是把法益中含糊不清的利益杂质提纯之后的纯粹利益。拥有权利意味着个人从他人履行义务中受益。如果这种义务来自法律的规定，权利人的利益就得到了法律的保障，换言之"权利自身不外是一个在法律上受保护的利益"。[1]

---

[1] 于柏华：《权利的证立论：超越意志论和利益论》，载《法制与社会发展》2021年第5期，第106页。

按照法律保护的力度不同，可以将利益分为一般利益、法益和权利，它们受法律保护的程度依次升高。"一般利益"是纯粹的生活利益，如刷短视频让人感到放松就是一种利益；"法益"是受法律保护的概括性的、不确定的利益，并无具体的权利形态，对其是否应该以权利加以保护并无普遍性的一致意见；[1]"权利"则是法律所保护的一种类型化的利益。总之从一般利益、法益再到权利，是一个逐渐将利益类型化的立法技术处理过程。[2]

比如，无论是"拐卖妇女、儿童罪"，还是"收买被拐卖妇女、儿童罪"都属于刑法分则第四章侵犯公民人身权利罪、民主权利罪中的犯罪，既然刑法分则已经明示本章罪名所侵犯的是人身权利，那么就没有必要在人身权利中添加其他模糊的利益内容。

比如，拐卖妇女罪有一款加重情节是"将妇女、儿童卖往境外的"，可判十年以上有期徒刑、无期徒刑，甚至死刑。当前多发的案件是从越南拐卖妇女到国内，这是否属于拐卖妇女罪的加重情节？无论是拐卖中国妇女到中国境外，还是将越南妇女拐卖到越南境外，不都是将（某国）妇女卖往（某国）境外的行为吗？从后果来看，被害人身处异国他乡，言语不通，都会对被害人造成巨大的身心伤害。

如果认为拐卖妇女罪侵犯的是人身权，那么无论中国妇女还是越南妇女，都拥有平等的人身权，从越南拐卖妇女到中国自然也属于拐卖妇女罪的加重情节。但如果在人身权之外考虑其他政策性利益，

1　王利明：《论民事权益位阶：以〈民法典〉为中心》，载《中国法学》2022年第1期，第48页。
2　熊谞龙：《权利，抑或法益？——一般人格权本质的再讨论》，载《比较法研究》2005年第2期，第52页。

就可能得出不同结论，甚至在不同的政策背景下结论也会有所不同。

另外，从收买方来看，无论所收买的是中国妇女还是外国妇女，所侵犯的人身权都是相同的，本应进行相同的刑罚评价。但是，如果在人身权之外考虑其他模糊的利益内容，就可能得出不同的评价。比如有人就可能认为，把境外经济落后地区的女性卖到中国，这不是还让她生活水平提高了吗，自然不应该构成犯罪。

可以肯定的是，如果在人身权之外考虑了其他内容，那么，这种判断的尺度一定是缺乏明确标准的。假设被拐妇女为发达国家的女性，该国外交部门提出强烈抗议，新闻媒体大肆宣传，那么，对于收买者是否又应该适用不同的刑罚评价呢？

所以，像故意杀人这种自然犯，它侵犯的个人法益经过提纯就是对个人人身权利的侵犯，至于污染环境罪虽然侵犯的是集体法益，但最终也应该归结为对个人生命、健康、财产等权利的侵犯。

五、权利是道德义务与法律利益的桥梁

所有的权利一定有其所对应的义务。权利和义务孰先孰后，这并不是一个先有鸡还是先有蛋的问题。法国哲学家西蒙娜·薇依（Simone Weil）提醒我们，义务一定在权利之前。只有在一定的道德义务的基础上才可能衍生出法定的权利。义务是无条件的，如果义务需要一个基石，那么这个基石也是超验的。[1] 总之，如果没有人愿

1　Simone Weil, *The Need For Roots: Prelude to a Declaration of Duties Towards Mankind*, London and New York: Ark paperbacks, 1987, p3.

意承担义务,那么权利就毫无意义。[1]一个大学生哭哭啼啼地说:"我有权让我妈每个月给我两万元生活费。"只有当其母自愿承担道德上的支付义务,这种权利才有意义,不至沦为纯粹的口嗨。

近代权利理论的形成与道义论(道德义务违反说)有密切的关系。虽然道义论有不同的分支,但是可以肯定的是,无论是十诫道义论,还是康德的道义论都对权利理论的形成和发展有着重要的贡献。

基于十诫的禁止杀人,衍生出了生命权、身体健康权的观念;禁止偷窃衍生出财产权的观念;禁止奸淫衍生出性自治权的观念;禁止作假见证衍生出名誉权的观念。[2]

康德的道义论同样赋予了人性以尊严,人是目的,每个人都有保守自身尊严和维护人的尊严的义务,"每个人都有权要求他的同胞尊重自己,同样他也应当尊重其他每一个人。人性本身就是一种尊严,由于每个人都不能被他人当作纯粹的工具使用,而必须同时当作目的看待。人的尊严(人格)就在于此,正是这样,人才能使自己超越世上能被当作纯粹的工具使用的其他动物,同时也超越了任何无生命的事物"[3]。这种对人尊严的捍卫为权利理论的最终确立提供了重要的哲学根基。

因此,权利可以作为道德义务与法律利益的桥梁。基于道德规范

---

1 参见夏勇:《权利哲学的基本问题》,载《法学研究》2004年第3期,第5页。

2 John Witte, Jr, *The Reformation of Rights: Law, Religion and Human Rights in Early Modern Calvinism,* Cambridge University Press, 2007, p177—178.

3 [德]伊曼努尔·康德:《道德的形而上学》,牛津大学出版社1996年版。转引自韩德强:《论义务本位和权利本位的尊严观》,载《文史哲》2006年第1期,第157页。

产生了道德义务，这种道德义务的核心是对人的尊重，因为这种尊重会产生利益（好处）。并不是所有的道德义务都是法律义务，比如，父母抚养幼儿，最初只是道德义务。一百年前，父母遗弃孩子最多只是受到道德谴责，谈不上违法犯罪。如果生了女孩，溺婴也司空见惯。在那个时候，父母并无法定义务去抚养幼儿，幼儿自然也没有法律上的权利要求父母抚养。随着时代变迁，法律将这种父母自愿承担的道德义务上升为法律义务，孩子也就拥有了要求父母抚养的权利，如果父母拒绝抚养就侵犯了孩子的人身权利，可能构成遗弃罪。

总之，当一种道德义务为法律所确认，从道德义务上升为法律义务，其对应的就是法律上的权利，这种权利保护的是一种法律提纯的重要生活利益，也即重要的法益。刑法要保护的就是权利这种重要的法益。

将道德规范引入刑法可以避免刑法规范的僵化与教条，也可以成为批判立法和限缩司法的活水泉源。国家并非道德权威，不能垄断对道德的评判。相反，民众普遍遵循的道德却可以对国家权力进行必要的约束。这并不是说只要违反道德就可以施加刑罚，而是认为没有违反道德就不应发动刑罚。事实上，这种以道德来约束刑罚权的消极道德主义在世界各国都是一种普遍现象。加罗法洛一开始提出"自然犯"这个概念就是为了限缩刑罚权。

不少刑法学者有一种固执的偏见，认为将犯罪与道德联系在一起会导致犯罪圈的扩大，这其实是将积极道德主义和消极道德主义混为一谈。以道德作为入罪基础，只要违反道德就是犯罪，自然会导致犯罪界限的模糊与膨胀。但是以道德作为出罪依据，用道德规范来限制处罚范围，没有违反道德就不应认定为犯罪，这不仅不会导致犯罪圈的扩张，还能为限缩刑罚权提供坚实的道德根据。事实上当前的大多数国家，都普遍接受消极道德主义。

六、立法的节制与司法的限缩

如果将法定犯归结于法律所禁止的行为，将自然犯定义为违反道德伦理的行为。那么所有的犯罪都是法定犯，因为它是法律规定的，同时所有的犯罪也都有自然犯的影子，无论是侵犯个人法益的自然犯，还是侵犯集体法益的法定犯，其背后都有一定的道德义务，都是道德所谴责的行为，或多或少都可以直接或间接地归结于对个人权利的侵犯。

权利来源于道德义务，任何一个社会的道德规范都允许国家对民众生活进行合理的必要约束。在人类历史上，无政府主义从来没有被任何一种道德规范认可。事实上，没有国家强力约束的无政府主义本身就有可能导致秩序崩溃，危及个人权利。一如托克维尔警告的，谁要求过大的自由，谁就在召唤绝对的奴役和绝对的集权。

因此，立法者不能无节制地创设法定犯。

首先，立法者不能规定一种明显违背道德规范的法定犯，比如将不揭发父母通敌的行为规定为犯罪，又如将救助战争期间受伤的敌人规定为犯罪。[1]道德规范所认可或者鼓励的行为绝非犯罪，这是

---

1 电影《血战钢锯岭》讲述了二战时期军医戴斯蒙德·道斯，拒绝携带枪上战场，在冲绳血战钢锯岭战役中救下75位战友的真实故事。道斯不仅救助自己的战友，甚至也救助受伤的日本士兵。因为拒绝使用武器，道斯被其他士兵视为异类，甚至被人辱骂是"懦夫""败类"。他是二战中唯一没有杀害一个敌人的军人，后获得美国国会荣誉勋章。

立法的雷池禁地。

其次，法定犯必须间接侵犯了个人权利。立法者必须在经验法则上证明某种行为存在对个人权利侵犯的可能性才能将其确立为法定犯，如果无法关联到个人权利，那么此行为就不能被视为犯罪。

最后，法定犯是为了避免社会无序间接侵犯个人权利，它只能是轻罪，不能是重罪。换言之，道德规则允许国家基于合理根据对公民的自由施加必要约束，但这种约束不能没有限制。如果法定犯的刑罚不受约束，那么立法也就拥有了不受制约的权力。作为轻罪，法定犯的刑罚不应超过三年有期徒刑。[1]同时，考虑到犯罪标签存在巨大的连累后果，应该免除法定犯的前科报告义务。当然，这一点目前还只是一种理想，现实与理想还有差距。

我始终认为，刑法是对人最低的道德要求，道德所谴责的行为不一定是犯罪，但是道德所容忍或鼓励的行为一定不是犯罪。无论是直接侵犯个人法益的自然犯，还是间接侵犯个人法益的法定犯，在本质上都必须具有道义上的可谴责性。因此，司法中需要通过有温度的道德去软化冰冷刚硬的法条。

还记得文章开始提到的海外购买精神类药品案吧。从形式上来看，这符合走私毒品罪的构成要件。刑法第347条规定："走私、贩卖、运输、制造毒品，无论数量多少，都应当追究刑事责任，予以刑事处罚。"麻醉药品、精神类药品既是药品也是毒品，走私毒品罪是"贩卖、运输、制造毒品罪"并列的选择性罪名，只有当毒品具

---

[1] [英]帕特里克·德富林：《道德的法律强制》，马腾译，中国法制出版社2016年版，第42页。德富林认为对于法定犯，连监禁刑都不应该适用。

有一定的扩散性才可能危及不特定多数人的身体健康[1]，即便将此罪侵犯的法益归结于毒品管理秩序，那也应该还原为对公众健康的威胁。[2]因此，以治病为目的购买精神药品不应该以犯罪论处。2023年6月26日最高人民法院《全国法院毒品案件审判工作会议纪要》终于规定："因治疗疾病需要，在自用、合理数量范围内携带、寄递国家规定管制的、具有医疗等合法用途的麻醉药品、精神药品进出境的，不构成犯罪。"无数个案推动了法治的前进，但起到推动力量的每个个体却不得不承受百分百的痛苦。

犯罪是一种恶，这种恶是不仅因为它是刑法所规定的犯罪，被贴上了犯罪的标签所以成为一种恶，更为重要的是因其内在的道义上的可谴责性而成了一种恶。缺少二者中任何一种的恶，都不是犯罪。

想一想

如果你的家人身患重病，你会冒着犯罪的危险去给他治病吗？

---

1 朱晓莉、张阿妹:《"代购、销售管制麻醉药品和精神药物的法律定性"专题研讨会观点综述》，载《福建警察学院学报》2022年第3期，第23页。
2 张明楷:《刑法学》(第六版)，法律出版社2021年版，第1505页。

刑法：既是独立的，又是补充的

在我国的法律体系中，有很多部门法，宪法、民法、行政法、诉讼法、经济法等，当然还有刑法。刑法当然是一门独立的部门法，因其后果是最严厉的，不到万不得已不应该轻易适用。其他部门法可以解决的矛盾，没有必要适用刑法，所以刑法也具有补充性，只有当其他部门法不能充分保护某种社会关系时，才由刑法来保护。

刑法的独立性和补充性经常会发生冲突，如果一种行为在其他部门法看来是合法的，但其表面上却触犯了刑法的规定，这应该算是犯罪吗？

一、一桩离奇的保险诈骗案

最典型的案件如帅某保险诈骗案。帅某是某县镇财政所工作人员，1998年、2000年帅某两次虚构母亲年龄，为其母在中国人寿保险公司某县分公司投保康宁终身保险，死亡保险金27万元。根据康宁终身保险条款的规定，凡七十周岁以下、身体健康者均可作为被保险人，由本人或对其具有保险利益的人作为投保人向保险公司投保本保险。

经查，帅某篡改母亲户口年龄，将1998年已经77岁的老母年龄改小为54岁，使其符合投保年龄，并找他人代为体检参保。在向法庭申辩时，帅某陈述其母在乡政府的集体户口由于其他私人原因，在投保前户口上的年龄已经修改过，她也在第一次投保时曾问过保险业务员，业务员说按照户口就可以；第二次投保时她再次询问过，业务员让她照第一份保单的内容来填；当2001年帅某母亲80大寿时，镇代办所的一名保险业务员还前来贺寿吃酒。

2006年，帅某母亲身故后，中国人寿保险公司某县分公司进行理赔调查，在和一名保险业务员商量后，帅某再次修改其母入党申请书上的年龄作为理赔凭证。在获得27万的理赔金后，省保险公司接到匿名举报，司法机关随即介入，2007年7月24日帅某以保险诈骗罪被批捕。

这起案件从表面上看，符合刑法第198条保险诈骗罪的规定："投保人故意虚构保险标的，骗取保险金的"，按照当时的司法解释，这个金额属于数额特别巨大，可以判十年以上有期徒刑。[1]

本案的诡异之处在于，当年保险法第54条规定："投保人申报的被保险人年龄不真实，并且其真实年龄不符合合同约定年龄限制的，保险人可以解除合同，并在扣除手续费后，向投保人退还保险费，但是自合同成立之日起逾二年的除外。"换言之，只要交满了两年保费，即便年龄不真实，保险合同也是有效的。2015年修正后

---

[1] 2001年1月21日最高法《全国法院审理金融犯罪案件工作座谈会纪要》认为，对于保险诈骗罪的数额，可以参照1996年最高法《关于审理诈骗案件具体应用法律若干问题的解释》，个人进行保险诈骗数额在20万元以上的，属于数额特别巨大。这个司法解释被2011年最高法、最高检通过的《关于办理诈骗刑事案件具体应用法律若干问题的解释》所废止。

的保险法第16条3款也保留了类似规定:"前款规定的合同解除权,自保险人知道有解除事由之日起,超过三十日不行使而消灭。自合同成立之日起超过二年的,保险人不得解除合同;发生保险事故的,保险人应当承担赔偿或者给付保险金的责任。"

按照保险法规定,帅某母亲的保险合同有效,但是根据刑法却构成犯罪。如果认为刑法是保险法的补充法,那么自然就不构成犯罪。但如果认为刑法具有独立性,可以无视保险法的规定,那么行为则构成犯罪。

这起案件当时引发了巨大的争议,据说帅某被抓后,当地一度出现退保潮。对如此纠结的案件,检察机关后来做出了不起诉决定,理由是既然在保险法上属于有效合同,那么在刑法上就不应该视为犯罪行为,毕竟刑法是最后法、补充法,不到万不得已,不应该轻易动用。[1] 但是,也有反对意见认为,刑法具有独立性,没有必要过分迁就保险法的规定,该出手时就出手。[2] 一边是刑法的独立性,一边是刑法的补充性,我们到底应该如何取舍呢?

二、入罪坚持补充性

刑法的补充性认为,刑法中的概念要与其他部门法中的概念保

---

[1] 参见李兰英:《契约精神与民刑冲突的法律处理》,载《政法论坛》2006年第6期。反对意见可参见张明楷:《诈骗罪与金融诈骗罪研究》,清华大学出版社2006年版,第757页。

[2] 参见张明楷:《诈骗罪与金融诈骗罪研究》,清华大学出版社2006年版,第757页。

持协调，不能互相矛盾。我个人的观点是，刑法中的入罪概念不能大于其他部门法中的违法概念。如果一种行为在其他部门法中属于合法行为，那么就绝非刑法中的犯罪行为。在入罪问题上，必须坚持刑法的补充性，不应该轻易动用刑法。

刑法中有大量罪名，某些条款留了空白，需要援引其他部门法的规定，这就是所谓的空白罪状。比如，刑法第341条第2款规定的非法狩猎罪："违反狩猎法规，在禁猎区、禁猎期或者使用禁用的工具、方法进行狩猎，破坏野生动物资源，情节严重的，处三年以下有期徒刑、拘役、管制或者罚金。"无论是禁猎区、禁猎期或者使用禁用的工具、方法等关键性要素都需要看狩猎法规的规定。

为了避免行政权对司法权的过度侵蚀，1997年刑法第96条对空白罪状有一个限定，它规定："本法所称违反国家规定，是指违反全国人民代表大会及其常务委员会制定的法律和决定，国务院制定的行政法规、规定的行政措施、发布的决定和命令。"原则上来说，（部委出台的）部门规章和（地方人大出台的）地方性法规都不能染指刑法。

离奇的"违反国家有关规定"

"违反国家有关规定"的表述首次出现在2015年刑法修正案（九）规定的侵犯公民个人信息罪。该罪的前身是出售、非法提供公民个人信息罪，于2009年由刑法修正案（七）规定，其罪状是"国家机关或者金融……单位的工作人员，违反国家规定，将本单位在履行职责或者提供服务过程中获得的公民个人信息，出售或者非法提供给他人……"

这个罪名出台的背景是为了打击当时处于萌芽的个人信息泄露案件。

2008年有一起轰动全国的"人肉搜索案"。女白领姜某因为丈夫王某出轨,在博客中用隐讳的语言表示要自杀,但未引起注意。姜某正式锁定博客,使得他人无法浏览。同时写下日志,表达了两个月后自杀的决心。

2007年12月26日,姜某给博客解封,并贴上王某和他人的亲密照片,写下自己两个月来的经历。29日晚姜某从24楼跳下自杀,当场死亡,终年三十一岁。

姜某自杀前的博客开始被网友转载到各大论坛上,引起激烈争论。王某及其父母被网友人肉搜索,王某被单位辞退,其他单位接到王某求职也避之不及。王某父母的住宅被人多次骚扰,还有人在王某父母门口用油漆写下了"逼死贤妻"等字样。

2008年3月,王某将三家网站告上法庭,要求恢复名誉,并索赔精神抚慰金和工资损失。

2008年12月18日,朝阳法院认为大旗网和"北飞的候鸟"两家网站的经营者或管理者构成对原告名誉及隐私权的侵犯,分别被判停止侵权、公开道歉,并赔偿王某精神抚慰金3000元和5000元。一审宣判后,"北飞的候鸟"网站不服判决提起上诉。2009年12月23日,北京二中院进行了终审宣判,认为王某的上述行为应当受到批评和谴责,但对其的批评和谴责应在法律允许范围内进行,不应披露、宣扬其隐私,法院故此维持原判。[1]

---

[1]《"人肉搜索第一案"终审宣判维持原判》,载中国法院网2009年12月24日,https://www.chinacourt.org/article/detail/2009/12/id/387546.shtml。

2009年12月26日，全国人大常委会通过的侵权责任法率先规定了隐私权的概念，并规定网络用户、网络服务提供者利用网络侵害他人民事权益的，应当承担侵权责任。而在刑法领域中，则是2009年2月28日全国人大常委会出台的刑法修正案（七）规定了出售、非法提供公民个人信息罪。

然而，出售、非法提供公民个人信息罪属于超前立法，彼时并没有相关的法律和行政法规作为补充规范以填补"违反国家规定"的空白。2015年刑法修正案（九），立法者将"违反国家规定"修改为"违反国家有关规定"，试图突破刑法第96条的限制。2017年出台的司法解释将"国家有关规定"解释为"违反法律、行政法规、部门规章有关公民个人信息保护的规定"。[1]

如此一来，"国家规定"不允许部门规章作为空白罪状的补充规范，但是"国家有关规定"却认为部门规章可以作为补充规范。这违反形式逻辑吗？

"国家规定"是大概念，"国家有关规定"是小概念，这就像"男人"和"男童"的关系，所有的男童都必须符合男人的定义，虽然男人不一定都是男童。如果把国家规定看成男人，那么国家有关规定就相当于男人中有关未成年的那部分男性。大概念划定了补充规范的范围，小概念只能在这个范围内限缩，而不是扩张。

---

1 《最高人民法院、最高人民检察院关于办理侵犯公民个人信息刑事案件适用法律若干问题的解释》（法释〔2017〕10号），第2条。

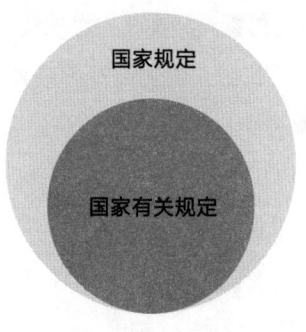

图 4:"国家规定"和"国家有关规定"的关系

如果按照司法解释的立场,所有的"违反某某规定"的表述,如"违反进出口商品检验法的规定""违反枪支管理规定"都可能做同类解释,既然"违反国家有关规定"可以包括部门规章,那么"违反某某规定"岂不更可以包括部门规章,根据滑坡理论,某个县的文件好像也是有关规定,似乎也可能作为空白罪状的补充规范,罪刑法定原则恐怕会被彻底颠覆。

虽然立法者从刑事政策的角度出发,将"违反国家规定"修改为"违反国家有关规定"扩大了补充规范的范围,某种程度上打击了犯罪,保障了国民的生活。但这种做法对刑法表述逻辑上的违反是值得警惕的。

2017年全国人大常委会出台了网络安全法,2021年出台了数据安全法、个人信息保护法,与个人信息有关的法律已经比较完备,2015年立法者所担心的前置法缺失问题已经得到解决。但是,通过语言游戏试图突破刑法第96条限制的规定依然是刑法的一个重大隐患。

有一就有二,有二就有三,原则一旦滑坡,后续永无止境。立法机关在刑法修正案(十一)规定的新罪中再次采取了这种表述。

新罪是非法采集人类遗传资源、走私人类遗传资源材料罪,"违反国家有关规定,非法采集我国人类遗传资源或者非法运送、邮寄、携带我国人类遗传资源材料出境,危害公众健康或者社会公共利益,情节严重的,处三年以下有期徒刑、拘役或者管制,并处或者单处罚金;情节特别严重的,处三年以上七年以下有期徒刑,并处罚金。"估计立法当时也并无法律和行政法规对类似问题进行过规定,所以立法者进行了这样的变通。

刑法只是最后的部门法,"囹圄空虚,慎刑少刑"是中华法治思想的宝贵财富。在入罪问题上,还是应该坚持刑法的补充性,在其他部门法都没有出动的情况下,刑法更应该缓一缓。因此,我们必须坚守形式逻辑,"违反国家规定"的语义范围比"违反国家有关规定"的语义范围要广,司法机关不能放任立法机关的错误,而应该进行相应的补正解释,弥补立法机关的错误。

删帖与非法经营罪

多年以前,我在各地讲课,总是能够在第一排看到一个熟悉的身影。我估计这位同学有事找我,果然,他想让我帮他分析一个案件。这位同学是某广告公司老板,姑且称之为甲公司。甲公司与乙公司签订合同,优化乙公司网络舆情,代理该公司向某搜索引擎提出删除不良虚假信息的请求,费用为二十万。乙公司先付了十万,甲公司按照正常流程向某搜索引擎公司提出了申诉,让其将乙公司的负面不实言论删除干净。后乙公司没有支付后期费用,甲公司找其交涉,乙公司置之不理。甲公司无奈将乙公司诉至法院,请求乙公司按照合同约定支付剩余款项。

不料乙公司请了一个"厉害"的律师，律师居然认为甲公司从事网络删帖营利活动，系水军行为，涉嫌非法经营，主张合同无效，不仅拒绝给付尾款，还要求把之前给的十万还回来，因为无效合同从一开始就没有效力。律师向司法机关报案，法院遂中止民事案件的审理，将犯罪线索移送公安机关。公安机关将甲公司老板逮捕，认为该行为符合司法解释所说的非法经营罪。

大家如何看待这位律师？我希望自己和教过的学生永远不要成为这么"厉害"的律师。该律师的依据是《最高人民法院、最高人民检察院关于办理利用信息网络实施诽谤等刑事案件适用法律若干问题的解释》，该解释规定："违反国家规定，以营利为目的，通过信息网络有偿提供删除信息服务，或者明知是虚假信息，通过信息网络有偿提供发布信息等服务，扰乱市场秩序，单位非法经营数额在十五万元以上，或者违法所得数额在五万元以上的以非法经营罪定罪处罚。"

这位同学的年纪比我还大，他当时被取保候审，担心自己随时有再进去的危险。他对我说，关键怕影响孩子。孩子今年高考，成绩特别好，他觉得自己连累了孩子。我的直觉告诉我这不可能构成犯罪，让他别担心，同时建议他孩子报考政法大学，至少这所学校不会因为父母有污点而拒绝录取孩子。

碰到这个案件，我的第一想法是寻找所谓的"违反国家规定"。

司法解释所涉及的违反国家规定是指违反《全国人民代表大会常务委员会关于维护互联网安全的决定》（以下简称《决定》）和国务院《互联网信息服务管理办法》（以下简称《管理办法》）的相关规定。然而，在这两部法律法规中，都没有明确规定删帖服务应当追究刑事责任。《管理办法》第20条明确了需要追究刑事责任的范围:"制作、复制、发布、传播本办法第十五条所列内容之一的信息,构成犯罪的,依法追究刑事责任……"但是,营利性删帖服务并不属于第15、20条规定的刑事不法的范围。其实,无论是依照《决定》还是《管理办法》都没有追究营利性删帖服务刑事责任的规定。

对此,当地公安机关有不同看法,理由是这应该违反了《管理办法》第19条,因为甲公司没有经营许可证经营互联网业务,这属于非法,收钱属于经营,违法所得数额五万元以上属于入罪门槛,三个条件加起来就是妥妥的非法经营罪。

然而,《管理办法》第19条的规定是:"违反本办法的规定,未取得经营许可证,擅自从事经营性互联网信息服务,或者超出许可的项目提供服务的,由省、自治区、直辖市电信管理机构责令限期改正,有违法所得的,没收违法所得,处违法所得3倍以上5倍以下的罚款;没有违法所得或者违法所得不足五万元的,处十万元以上一百万元以下的罚款;情节严重的,责令关闭网站。违反本办法的规定,未履行备案手续,擅自从事非经营性互联网信息服务,或者超出备案的项目提供服务的,由省、自治区、直辖市电信管理机构责令限期改正;拒不改正的,责令关闭网站。"

该条文只规定了行政责任,没有任何刑事责任的规定。公安机关虽然认为当事人的答辩有道理,但是依然把案件移送到了检察机关,把皮球踢到了另外一个机构。检察机关还是有担当的,最后做出了不起诉决定。

弹弓打麻雀

弹弓打一只麻雀构成犯罪吗?直觉告诉我这不太可能,毕竟这是我儿时的娱乐项目之一，然而看到司法实践中大量的判例[1]以及相关法律规定，我困惑了。

罪名是非法狩猎罪，犯罪对象是珍贵、濒危野生动物[2]以外的其他野生动物，也即有重要生态、科学、社会价值的陆生野生动物，俗称"三有动物"。2000年8月1日国家林业局发布了《国家保护的有益的或者有重要经济、科学研究价值的陆生野生动物名录》，该名录列举了1591种野生动物，其中鸟纲有707种，包括树麻雀和山麻雀。平常我们见到的麻雀大多是树麻雀。

2000年11月17日最高人民法院《关于审理破坏野生动物资源刑事案件具体应用法律若干问题的解释》（以下简称"旧司法解释"）规定了可以构成非法狩猎罪的三种情况；2022年4月9日新发布的《最高人民法院、最高人民检察院关于办理破坏野生动物资源刑事案件适用法律若干问题的解释》（以下简称"新司法解释"），对非法狩猎罪的入罪方式进行了修改，有四种情况属于非法狩猎情节严重，可以构成犯罪，具体见下表。

1　内蒙古自治区额尔古纳市人民法院（2018）内0784刑初40号刑事判决书；沈阳市辽中区人民法院（2017）辽0115刑初34号刑事判决书；另外参见被告人徐某某非法狩猎案，该案为2020年6月4日杭州法院发布环境资源审判十大典型案例之四。

2　刑法第341条第1款规定了危害珍贵、濒危野生动物罪："非法猎捕、杀害国家重点保护的珍贵、濒危野生动物的，或者非法收购、运输、出售国家重点保护的珍贵、濒危野生动物及其制品的，处五年以下有期徒刑或者拘役，并处罚金；情节严重的，处五年以上十年以下有期徒刑，并处罚金；情节特别严重的，处十年以上有期徒刑，并处罚金或者没收财产。"

表4：新旧司法解释中，非法狩猎罪的入罪情况

	旧司法解释	新司法解释
非法狩猎罪的入罪情况	（1）非法狩猎野生动物二十只以上的	（1）非法猎捕野生动物价值一万元以上的
	（2）违反狩猎法规，在禁猎区或者禁猎期使用禁用的工具、方法狩猎的	（2）在禁猎区使用禁用的工具或者方法狩猎的
	（3）具有其他严重情节的	（3）在禁猎期使用禁用的工具或者方法狩猎的
		（4）其他情节严重的情形

比较新旧司法解释，其实就是把之前的"数额入罪"改为了"价值入罪"模式。旧司法解释认为，只要非法狩猎三有动物二十只以上的，一律构成犯罪。但新司法解释却将数额改为了价值，非法猎捕野生动物一万元以上才构成犯罪。但是，新旧司法解释都认为无论在禁猎区，还是在禁猎期，只要使用禁用的工具、方法狩猎，就可以直接认定为情节严重构成犯罪，无须考虑数额或价值。

新司法解释关于价值入罪模式的修改适度收缩了刑罚权，这无疑是值得肯定的。但它可能会给民众带来一个误读，就是认为野生动物的价值就是市场交易价格认定。然而，两者可能相差悬殊。根据国家林业局的相关规定[1]：野生动物整体的价值，国家是有一个价格标准目录的[2]，这个目录规定了各种野生动物的基准价值，同时国家一级保护野生动物，按照基准价值的十倍核算；国家二级保护野生动物，按照基准价值的五倍核算；三有动物则按照所列野生动物基准价值核算。

这也是为什么司法实践中有大量的鹦鹉案，虽然一只鹦鹉市场价格几百元（如小太阳鹦鹉），但是在定罪量刑中却鉴定为1万元一只。理由是鹦鹉的基准价值是2000元，由于它属于二级保护动物，要乘以五倍系数，所以每只野生鹦鹉都按照一万元计算。即便按照新的司法解释，购买两只野生鹦鹉也可能构成危害珍贵、濒危野生动物罪[3]。根据规定，麻雀属于雀形目的其他种，基准价值为300元/只。只要是三有动物，所有的鸟最少都值300元。这样算来，非法猎捕34只麻雀就可能构成非法狩猎罪。

然而，新旧司法解释一致认为，只要违反狩猎法规，使用了禁用的工具、方法狩猎，无论在禁猎区还是禁猎期猎捕三有动物，即便一只也可直接认定为情节严重，那就意味着在禁猎区或者禁猎期，使用了禁用的工具、方法猎捕一只麻雀，就可能构成非法狩猎罪。

---

1 2017年12月15日颁布的《野生动物及其制品价值评估方法》。
2 《陆生野生动物基准价值标准目录》。
3 《新野生动物司法解释》第6条规定："非法猎捕、杀害国家重点保护的珍贵、濒危野生动物，或者非法收购、运输、出售国家重点保护的珍贵、濒危野生动物及其制品，价值二万元以上不满二十万元的，应当依照刑法第三百四十一条第一款的规定，以危害珍贵、濒危野生动物罪处五年以下有期徒刑或者拘役，并处罚金。"

什么是禁猎区、禁猎期呢？按照野生动物保护法第12条第2款的规定，省级以上人民政府可以划定国家公园、自然保护区等自然保护地，自然保护地自然属于禁猎区，县级以上人民政府也可以划定单独的禁猎（渔）区、规定禁猎（渔）期。同时，该法第24条规定了禁用的工具、方法，第1款是对禁用工具的列举式规定，禁止使用毒药、爆炸物、电击或者电子诱捕装置以及猎套、猎夹、捕鸟网、地枪、排铳等工具进行猎捕，禁止使用夜间照明行猎、歼灭性围猎、捣毁巢穴、火攻、烟熏、网捕等方法进行猎捕，但因物种保护、科学研究确需网捕、电子诱捕以及植保作业等除外。想到我们小时候用烟熏兔子洞，抓野兔，现在看来就是违法犯罪啊！

第2款还规定了兜底条款——前款规定以外的禁止使用的猎捕工具和方法，由县级以上地方人民政府规定并公布。归纳而言，无论是禁猎（渔）区、禁猎（渔）期，还是禁用的工具、方法，县级以上地方人民政府都有权补充规定。

以北京为例，按照北京市的相关规定[1]，本市行政区域内全域为禁猎区，全年为禁猎期。同时，除法律规定的禁止的猎捕方法以外，规定还同时禁止使用粘网、弹弓、地弓、弩，以及其他非人为直接操作并危害人畜安全的猎捕装置。禁止使用诱捕、挖洞、设陷阱的猎捕方法，禁止捡拾野生动物的卵（蛋）。

这样看来，在北京用弹弓打麻雀，似乎打一只就可能构成非法狩猎罪，甚至捡拾一颗麻雀蛋也可能构成犯罪。这种法律的机械推理合理吗？从客观上看，定罪量刑的关键要素可以由地方人民政府，甚至县级人民政府规定吗？

1　2021年11月1日颁布的《北京市禁止猎捕陆生野生动物实施办法》。

有多少朋友知道全国各地区的禁猎（渔）区、禁猎（渔）期以及禁用的工具、方法。在写作本文之前，我对此也知之甚少。很多地方的规定都不一致，有的是全面禁止，有的是部分禁止，还有的则是分时段分区域禁止。比如，2018年湖南省人民政府发布《关于禁止猎捕野生动物的通告》，规定自2018年8月1日起至2023年7月31日止为禁猎（捕）期，全省行政区域为禁猎（捕）区域。

我仔细阅读了野生动物保护法，发现立法者的水平确实很高，苦心孤诣令人尊敬。该法第24条第1款列举了禁用的工具和方法，第2款授权县级以上地方人民政府可以规定其他方法。但是，在该法第45、46条所规定的法律责任中，仅对违反第24条第1款的行为做出了行政处罚和刑事惩罚的规定，对于违反第24条第2款的行为，没有任何处罚规定。换言之，县级以上地方人民政府根据第24条第2款规定的禁用工具或方法只是一种行政指导或建议[1]，它既不能作为行政处罚的依据，更不能作为刑事惩罚的前提。刑法意义上禁用的工具、方法绝不能超越野生动物保护法所列举的类型。

所以，使用弹弓、捡拾等方式绝非刑法上的禁用的工具、方法，弹弓打几只小麻雀还是不宜以犯罪论处。

三、出罪坚持独立性

刑法的补充性与独立性存在张力。刑法是独立的部门法，惩罚

---

[1] 之前的鼓励晚婚晚育是一种行政建议，但早婚早育自然也不违法。2016年新的人口与计划生育法删除了"鼓励晚婚晚育"的说法。

手段最重，因此刑法的入罪概念自然应该小于其他部门法的违法概念。违法不代表着犯罪，闯红灯也违法，但并非犯罪。

何谓组织卖淫罪

组织卖淫罪是刑法中一个非常严重的罪名，最高可以判处无期徒刑。与卖淫相关的罪名有很多，如强迫卖淫罪、引诱、容留、介绍卖淫罪、引诱幼女卖淫罪等。但是其中有一个最关键的概念，什么叫作卖淫？刑法及其司法解释都没有做出定义。当前一个非常混乱的问题就是组织他人手淫是否构成组织卖淫罪，有的地方就将组织按摩女为他人手淫认定为组织卖淫罪，判处重刑。

关于卖淫的定义，只有公安部对卖淫嫖娼有过行政答复。公安部1995年8月10日《关于对以营利为目的的手淫、口淫等行为定性处理问题的批复》（以下简称《1995年批复》）规定："卖淫嫖娼是指不特定的男女之间以金钱、财物为媒介发生不正当性关系的行为。卖淫嫖娼行为指的是一个过程，在这一过程中卖淫妇女与嫖客之间的相互勾引、结识、讲价、支付、发生手淫、口淫、性交行为及与此有关的行为都是卖淫嫖娼行为的组成部分，应按卖淫嫖娼查处，处罚轻重可根据情节不同而有所区别。对在歌舞等娱乐场所、桑拿按摩等服务场所查获的，以营利为目的发生手淫、口淫行为，应按卖淫嫖娼对行为人双方予以处罚。"

这个批复为2001年2月18日公安部《关于对同性之间以钱财为媒介的性行为定性处理问题的批复》（以下简称《2001年批复》）所废止，后一批复认为"不特定的异性之间或者同性之间以金钱、财物为媒介发生不正当性关系的行为，包括口淫、手淫、鸡奸等行为，都属于卖淫嫖娼行为，对行为人应当依法处理。"两个批复最大的不同在于，后一个批复认可了同性之间可以成立卖淫。

批复不是法律，也不是行政法规，甚至都不是严格的行政规章，它对刑事司法活动只有参考作用，并无法律上的约束力。2017年最高司法机关通过了与卖淫犯罪相关的司法解释[1]，但是对卖淫的定义依然采取了回避的态度。司法解释的起草小组认为，刑法上卖淫的概念，严格说属于立法解释的权限范围，不宜由司法机关做出解释。同时司法机关不能将行政不法等同于刑事犯罪。

在某种意义上，起草小组采取了折中立场，一方面认为不宜对刑法上的卖淫概念做扩大解释，刑法没有明确规定手淫行为属于刑法意义上的"卖淫"，因而对相关行为就不宜入罪。另一方面，也认为不能将刑法意义上的卖淫局限于性交行为，对于性交之外的肛交、口交等进入式的性行为，应当依法认定为刑法意义上的卖淫。起草小组希望，待条件成熟时，应当建议由立法机关作出相应解释或由立法直接规定卖淫的定义。[2] 只是起草小组的意见并不属于司法解释的组成部分，它只是对司法解释的一种解读，对于司法机关也只有参考作用，而没有法律上的约束力。这也是为什么依然有不少司法机关认为组织他人提供手淫可以按组织卖淫罪追究刑事责任。

---

[1] 2017年7月25日颁布的《关于办理组织、强迫、引诱、容留、介绍卖淫刑事案件适用法律若干问题的解释》。

[2] 周峰等：《〈关于审理组织、强迫、引诱、容留、介绍卖淫刑事案件适用法律若干问题的解释〉的理解与适用》，载《人民司法》2017年第25期，第30页。

药神秦博士

2022年底，有一个"秦药神案"轰动全国，秦某是牛津大学的博士，学习材料科学。秦某后回国悉心科研，当起了科研个体户，他发明了一种"组合物"用以治疗癌症，因为这个"组合物"，让他身陷囹圄。

法院判决书显示：2017年以来，秦某在无医药相关学历、从业经历及药品生产、经营资质的情况下，使用工业级甲酸钠、工业级草酸、食用级醋酸及饲料级亚硒酸钠等，用自来水按照一定比例调配后，生产出一款名为"博狮组合物"的产品。

法院认为，秦某配制的"博狮组合物"被马鞍山市市场监督管理局认定为假药，并经专家组论证，足以严重危害人体健康。被告人秦某在无医药相关学历、从业经历及药品生产、经营资质的情况下，生产出"博狮组合物"，符合生产假药罪的特征。同时，法院称，秦某在未经有关部门批准的情况下，以免费提供"博狮组合物"为诱饵，并通过口口相传的方式吸引患者缴纳"互助金"，其行为具备了非法性、公开性、利诱性、社会性的特征。

2022年12月30日，法院做出判决，认为被告人秦某犯生产假药罪，判处有期徒刑八个月，并处罚金人民币五万元；犯非法吸收公众存款罪，判处有期徒刑三年，并处罚金人民币十万元；数罪合并，决定执行有期徒刑三年，宣告缓刑四年，并处罚金人民币十五万元。在被羁押了301天后，秦某走出了看守所。

在这个案件中，"组合物"是否有疗效是该案争议焦点之一。马鞍山市市场监督管理局出具复函，经专家组论证，涉案产品足以严重危害人体健康。红星新闻记者翻阅了上百份患者手写给法院的情况说明，他们表示自己是"组合物"的受益者。

原刑法第141条规定了生产、销售假药罪，其中明确规定："本条所称假药，是指依照药品管理法的规定属于假药和按假药处理的药品、非药品。"按照原刑法的规定，刑法中的假药概念和药品管理法的相关概念保持一致。

药品管理法修改了很多次，2001年的其第48条规定了两种假药和六种按照假药论的准假药。

表5：2001年药品管理法规定的假药

2种假药	1. 药品所含成份与国家药品标准规定的成份不符的
	2. 以非药品冒充药品或者以他种药品冒充此种药品的
6种准假药	1. 国务院药品监督管理部门规定禁止使用的
	2. 依照本法必须批准而未经批准生产、进口，或者依照本法必须检验而未经检验即销售的
	3. 变质的
	4. 被污染的
	5. 使用依照本法必须取得批准文号而未取得批准文号的原料药生产的
	6. 所标明的适应症或者功能主治超出规定范围的

《我不是药神》这部电影中，主人公所销售的就是准假药，也即海外代购的没有经过批准而进口的药品。法律与情理之间出现了巨大的冲突。于是，2019年12月1日药品管理法做出了修改，将原法中按假药处理的个别情形直接规定为假药，不再保留"按假药处理"这个准假药的概念。所规定假药由以前的两种变为三种。除了以前的两类假药，之前准假药中的"所标明的适应症或者功能主治超出规定范围的药品"也变为假药的一种。其中，最令人瞩目的就是进口国内未批的境外合法新药不再按假药论处。

表6：2019年药品管理法修改后规定的假药

3种假药	1. 药品所含成份与国家药品标准规定的成份不符的
	2. 以非药品冒充药品或者以他种药品冒充此种药品的
	3. 所标明的适应症或者功能主治超出规定范围的

显然，按照新的药品管理法，《我不是药神》的主人公就不再构成销售假药罪。2021年，刑法修正案（十一）对刑法也进行了修改。虽然修正案对于生产、销售假药罪没有进行大规模的改动，但是一个非常特别的地方在于，删除了刑法中的假药必须按照药品管理法的规定。这意味着刑法关于假药的定义可以小于药品管理法有关假药的定义，毕竟刑法是最严厉的部门法，违法不代表犯罪。一如刑法中组织卖淫罪中的"卖淫"就可以小于治安管理处罚法中有关卖淫的定义。

秦某生产的"组合物"估计就属于"以非药品冒充药品"的假药，按照药品管理法属于行政法上的假药，可以进行罚款，吊销执照，但是不一定必然属于刑法"生产、销售假药罪"中的假药。这里的关键在于刑法中的实质解释，生产、销售假药罪所侵犯的法益不是单纯的药品管理秩序。因为任何违反药品管理法的行为都侵犯了药品管理秩序。如果以此作为实质根据，那么刑法和行政法就没有界限了，也无法体现刑法的最后法、补充法的特点。

所以，很多学者认为生产、销售假药罪所侵犯的法益除了有国家对药品正常的监督、管理秩序，还要包括对不特定多数人的身体健康、生命安全的侵犯，如果一种所谓的"假药"有疗效，对人民群众的生命安全没有威胁，那就没有必要以犯罪论处，充其量给予罚款、吊销执照等行政处罚就可以了。

毒贩妈妈案

据媒体报道，河南郑州35岁的母亲李芳（化名），其幼子罹患一种罕见的癫痫疾病——婴儿癫痫伴游走性局灶性发作（EIMFS）。在医生介绍下，李芳开始购买一款名为氯巴占的药物。但该药属于国家管制第二类精神药品名单，李芳和病友们不得不从代购者手中购药。2021年7月，李芳帮一名代购者代收了海外购买的氯巴占。结果，李芳因"走私、运输、贩卖毒品罪"，被检察机关以"犯罪情节轻微"为由不予起诉。

客观来说，检察机关还是体现了一定的司法担当。从实际效果来说，不予起诉就意味着案件不再交付人民法院审判，刑事诉讼程序已然终止，这也算是具有一定现实合理性的宽宥之举。根据刑事诉讼法第177条的规定，不起诉有三种情况：

表7：刑事诉讼法规定不起诉的三种情况

法定不起诉 （无罪不起诉）	人民检察院认为犯罪嫌疑人依法不应追究刑事责任的，应当作出不起诉的决定
酌定不起诉 （相对不起诉）	对于犯罪情节轻微，依照刑法规定不需要判处刑罚或者免除刑罚的，人民检察院可以作出不起诉的决定
证据不足不起诉	对于补充侦查的案件，人民检察院仍然认为证据不足，不符合起诉条件的，可以作出不起诉的决定

但是，酌定不起诉在性质上依然被认为属于犯罪，只是因为犯罪情节轻微，定罪免刑。在法律上，对被不起诉人所实施的行为，依然进行了否定性法律评价。然而，李芳等人的行为真的构成毒品犯罪吗？这涉及对犯罪本质的认识。犯罪是危害社会的行为，也即具有社会危害性，如果情节显著轻微危害不大的，那就不是犯罪，无罪无罚。

那么，什么叫作"社会危害性"呢？这是刑法中的超级概念，众说纷纭。

哲学上存在行为正义和结果正义的争论，在刑法中也不例外。

一种观点认为，犯罪的行为本身就是错误的，因为违反了规范，行为本身就是没有价值的，这是"行为不法"。另一种观点认为，犯罪的结果具有危害性，侵犯了法律所保护的利益，也即法益，在结果上是没有价值的，这是"结果不法"。

两种立场，孰是孰非，一时很难说清楚。但是，在世界范围内，这两种立场开始慢慢地走向融合，一元论的观点更多地只在逻辑上具有智力游戏的意义。无论是彻底的行为不法，还是彻底的结果不法，都无法单独作为不法论的基石。因此，二元论是一种基于经验的合理选择。这种学说认为，行为不法和结果不法在认定犯罪时具有同等重要的地位。

对于自然犯，行为不法首先要行为违反道德规范，具备道德不法，道德规范鼓励的行为不可能是犯罪。同时，再进行结果不法的法益筛查。一种道德谴责的行为不一定是犯罪，但一种道德鼓励的行为一定不是犯罪。张三遭遇强奸，拼命反抗，失手将歹徒杀害，即便认为这种行为弊大于利，侵犯了法益，具备结果不法，因为生命权高于性权利，但这种行为在道德生活上并不值得谴责，甚至是值得鼓励的，所以缺乏行为不法，故不构成犯罪。

但是，对于走私这类法定犯，行为不法也就是行为违反了行政法规范。但同时，还需要考虑结果不法，也即具有严重的法益侵犯性。

法益，也就是法律所保护的利益，包括个人利益（如生命权、财产权）、社会利益（如社会秩序）、国家利益（如国家安全）。但是，考虑到社会利益和国家利益有一定的模糊性，为了避免刑罚权的滥用，法益理论认为，刑法只保护最重要的法益，超个人的法益必须能够还原为无数个人的人身、财产等重要个人法益的集合，才能为刑法所保护。

以黑诊所是否构成非法行医罪为例，其中的"非法"，即违反执业医师法第39条的规定。该条既有追究行政责任，也有追究刑事责任的规定。作为行政不法的规范违反性，只是维护医师的管理秩序。因此，只要没有取得医生执业资格的人非法行医，或者未经批准擅自开办医疗机构行医，都可以进行行政处罚。但是，非法行医罪的结果不法，也即法益侵犯必须还原为民众的身体健康。

换言之，如果一种非法行医的行为不可能侵犯民众的身体健康，那么就不具备结果不法，自然不得发动刑罚权，行政不法与刑事不法存在质的区别。这也是为什么2008年的司法解释曾认为黑诊所（"个人未取得《医疗机构执业许可证》开办医疗机构的"）可以构成非法行医罪。但是，2016年最高人民法院对此司法解释进行了修改，取消了这个规定。即便黑诊所没有执业许可证，但接诊的大夫属于医生，由于不可能危及民众的身体健康，故不应该构成非法行医罪。同时，即便没有医生执照的家庭接生员实施家庭接生行为，也因没有危及民众的身体健康，没有侵犯法益的结果不法，所以不构成犯罪。

在毒贩妈妈案中，即便认为李芳等人的行为违反了禁毒法，侵犯了国家对毒品的管理秩序，具有行政不法。但在认定犯罪时，还需要进一步判断它是否危及普罗大众的身体或生命安全，具备结果不法？"毒贩妈妈"们是在救命还是害命呢？这个问题，并不需要太多专业知识，拥有常情常感就可以回答。

法律不外乎天理人情，如果一种行为进行行政处罚就已经足够，何必要再贴上犯罪的标签呢？因此，对于李芳等人，适用刑法第13条的"情节显著轻微危害不大的，不认为是犯罪"可能更加合适。

2023年3月31日,在"铁马冰河"案[1]宣判当晚,李芳接到了检察院的电话,称将重新做出法定不起诉决定书。

侮辱尸体案

当前,部分司法机关忽视了刑法独立性的限缩机能。在法定犯情形中,这种现象很普遍,在自然犯中这种现象也不罕见。比如,我国刑法第302条规定了盗窃、侮辱、故意毁坏尸体、尸骨、骨灰罪,这是一个典型的自然犯。不少从事器官移植的医生因此罪被追究刑事责任。

比如,黄某某侮辱尸体案,该案被告人系某医院外科主任医生,违规摘取死者器官被认定为侮辱尸体罪。法院定罪的主要依据是国务院《人体器官移植条例》、国家卫计委《人体捐献器官获取与分配管理规定(试行)》、卫生部《关于委托中国红十字会开展人体器官捐献有关工作的函》。根据《人体器官移植条例》,"公民生前未表示不同意捐献其人体器官的,该公民死亡后,其配偶、成年子女、父母可以以书面形式共同表示同意捐献该公民人体器官的意愿"。

但在本案中,黄某某仅取得部分近亲属同意,而未取得全部近亲属同意,这是否就构成侮辱尸体罪呢?《人体器官移植条例》属于行

---

[1] 中牟县人民法院:《被告人胡阿弟走私、贩卖毒品案 一审当庭宣判》,载微信公众号"中牟县人民法院"2023年3月31日,https://mp.weixin.qq.com/s/TqXFlJVEsfWohjB7aVVBLQ。2023年3月31日,罕见癫痫病患儿家属"铁马冰河"被控走私、贩毒案终宣判。河南省中牟县法院判决被告人不构成走私贩卖毒品罪,构成非法经营罪,但考虑到情节和社会危害,判处免予刑事处罚。

政法规，可以对犯罪构成要素进行补充，但是该条例对于未经全部近亲属同意的违规行为并没有追究刑事责任的规定。[1]能否以对行政法规范的违反就直接认定成立侮辱尸体罪？我把这个问题留给大家。

总之，关于独立性和补充性的矛盾，我的看法是在入罪问题上应当注意刑法的补充性，在出罪问题则应该发挥刑法的独立性。如果入罪强调刑法独立性，则其他部门法认为合法，但刑法却要坚持独立判断，认定为犯罪；出罪问题强调补充性，只要其他部门法认定为违法，在刑法中也自然就是犯罪，那么一切都是犯罪，犯罪与否主要看司法人员的心情，看着不爽就是犯罪，看着很不爽就是重罪。

张三同学上了大学，但不好好学习，天天沉溺于打游戏、谈恋爱，四年大学，读了八年还没毕业，这是犯罪吗？按照教育法规定，不好好学习是违法的，该法第44条规定，受教育者应当履行下列义务，其中一条就是努力学习，完成规定的学习任务。如果张三同学每天都精神空虚，老师让他好好学习，他就是逞强耍横，要和老师对着来，你让我学，我偏不学，上课打瞌睡，下课打鸡血。这好像主观上也具备了寻衅滋事的动机。[2]在客观上，也明显浪费了国家的财产，因为国家给高校是有财政拨款的，每年每生的拨款可能上

1　《人体器官移植条例》第25条规定："违反本条例规定，有下列情形之一，构成犯罪的，依法追究刑事责任：（一）未经公民本人同意摘取其活体器官的；（二）公民生前表示不同意捐献其人体器官而摘取其尸体器官的；（三）摘取未满18周岁公民的活体器官的。"其中并不包括未经全部近亲属同意的情况。

2　《最高人民法院、最高人民检察院关于办理寻衅滋事刑事案件适用法律若干问题的解释》第1条规定："行为人为寻求刺激、发泄情绪、逞强耍横等，无事生非，实施刑法第293条规定的行为的，应当认定为'寻衅滋事'。"

万。[1]那么,张三同学是否就构成寻衅滋事罪中的任意损毁公私财物呢?毕竟按照司法解释,任意损毁公私财物价值二千元以上的就构成了寻衅滋事罪。相信只要不是杠精,都可以做出准确的判断。

作为刑法学者,我们的研究具有一定的悖论性。我们研究犯罪,不是希望犯罪行为越来越多,而是希望犯罪行为越来越少。因此,必须警惕刑法重刑主义倾向,这种重刑主义动辄使用刑法治理社会矛盾,对刑罚的适用缺乏应有的节制,忽视了刑法在法律阶梯中的最后性。

总之,定罪量刑不是纯粹逻辑性的推理活动,它必须要考虑民众的常情常感,法律不是智力游戏,它背后是无数个体的悲欢离合,必须要慎之又慎。对于没有道德可谴责性的行为,打击不足总比打击过度要好得多。刑法只是最后法,没有必要咄咄逼人,还是应该留下足够的空间给其他法律。最应该减肥的法律,其实就是刑法。

想一想

张三和李四生了个儿子叫作张李十二,张三的祖先是张仲景,李四的祖先是李时珍,张李十二是十里八乡著名的神医,给人看病从来都悬丝问诊,男的隔100米,女的隔200米。看病从来都药到病除,诊所的锦旗收了有半吨。但是张李十二没有医生执照,因为他认为考执照是对祖宗不尊重,那么张李十二构成非法行医罪吗?

---

1 《财政部教育部关于进一步提高地方普通本科高校生均拨款水平的意见》(财教〔2010〕567号)规定:"原则上,2012年各地地方高校生均拨款水平不低于12000元。"

刑罚：轻罪重刑，还是轻罪轻刑

你有没有乱扔过垃圾？随地乱扔垃圾可不可以剁手？不是双十一购物节的"剁手"，是真的把手剁了。

商代的法律据说就是这么规定的："殷之法，弃灰于公道者断其手（《韩非子·内储说上》）。"路上乱扔垃圾就可以剁手，对于其中的法律逻辑，很多人不理解，子贡就以此事请教孔子，孔子的回答是"无弃灰，所易也；断手，所恶也。行所易，不关所恶，古人以为易，故行之。"不乱扔垃圾很容易做到，而断手会令人感到巨大痛苦。如果干了一件很容易的事情就可以避免严重的惩罚，古人认为这是容易做到的，所以实施这种刑罚。

清末修律大臣沈家本在《历代刑法考·律令》中认为，"此法太重，恐失其实，即前后两说已不甚同矣。"[1] 这个法律太重了，估计不是真的，而且所谓的孔子说法，前后也互相矛盾，原来，《韩非子·内储说上》关于孔子对此法的评价还有一个记载"夫弃灰于街必掩人，掩人人必怒，怒则斗，斗必三族相残也。此残三族之道，虽刑之可也"。意思是把灰倒在大马路上会让灰尘到处乱飞，人就会生

---

[1] 沈家本：《历代刑法考（下）》，商务印书馆2011年版，第32页。

气，一生气就可能斗殴，斗殴的结果就可能会让家族之间互相残杀，所以随便在马路上倒垃圾是残害家族的做法，对其刑罚也是可行的。

孔子是否说过这话已经不可考，但可以看出韩非子对于轻罪用重刑抱持赞同态度。他很欣赏商鞅"重轻罪"的立场，商鞅认为重罪一般人是很难去犯的，但是轻罪一般人容易去犯，如果用严重的刑罚来惩罚人们容易犯的小错，那自然也就能限制不易犯的重罪了。[1] 轻罪用重刑，人们就不敢去实施轻罪，更不敢实施重罪，所以适用刑罚是为了没有刑罚。[2]

人们一般都认为轻罪轻刑，重罪重刑，但韩非子认为对轻罪用重刑，能够威慑人们不去犯易犯的轻罪，更不会犯难犯的重罪，这样刑罚的投放就会越来越少，理想状态下还能达到天下无罪。如果轻罪轻刑，重罪重刑，因为对于轻罪的惩罚太轻，就无法起到遏制轻罪的效果，刑罚的投放反而更多。

在今天的刑法制度中，我们是否还能看到韩非子轻罪重刑观点的遗留呢？

一、一人犯罪，全家受罚？

一直以来，关于醉酒危险驾驶是否应该除罪化都有争论，赞同

---

1 "重罪者，人之所难犯也；而小过，人之所易去也。使人去其所易，无离其所难，此治之道。夫小过不生，大罪不至，是人无罪而乱不生也。"《韩非子·内储说上七术》。
2 "行刑重其轻者，轻者不至，重者不来，是谓以刑去刑也。"《韩非子·内储说上七术》。

派和反对派莫衷一是，各不相让。除罪化一个重要的理由是，犯罪标签的连带后果太重，不仅会让犯罪人付出惨痛的代价，还会连累家人。对此，赞同入刑派也并不反对。换言之，刑罚连带后果过重基本已经成为学界共识。

沉重的犯罪记录

我时常会接到一些法律案件的咨询，当事人最大的担心往往不是自己坐牢，而是连累家人。

有一位父亲，牵涉进一桩经济罪案，正处于取保候审期间，每日惴惴不安，害怕被起诉定罪。我听了他对案情介绍，觉得构成犯罪非常牵强，但如果机械适用法律，似乎也有构罪可能。他非常害怕被贴上犯罪的标签，原因是孩子当年高考，想报考警校，他怕影响孩子的前途。他不停地问我：如果他被判有罪，会牵连孩子吗？

我没有正面回答这个问题。我知道，当他问我这个问题的时候，他其实已经知道答案。按照该省当年《公安机关录用人民警察考察和政审工作实施细则》的规定："考察和政审中查实有下列情形之一者，不宜录用为人民警察：配偶、直系亲属和近亲属中有犯罪嫌疑正被政法机关侦查、控制的。"这个案件的结果还比较理想。检察机关严格把关，对他做出了酌定不起诉决定。当他在电话中激动地告诉我这一结果，我也非常高兴，但也有一丝隐忧。

虽然检察机关做出了不起诉决定。但是，如果他去派出所开具无犯罪记录证明，还是可能会遇到障碍。按照当年该省的规定，对于酌定不起诉的当事人，公安机关是不予出具无犯罪记录证明的。

虽然法律在进步，但每个语词的变化背后都有无数沉甸甸的故事。2021年12月3日公安部发布了《公安机关办理犯罪记录查询工作规定》(以下简称《犯罪记录查询工作规定》),各省不再各自为政,自行规定犯罪记录查询的规定。

这个工作规定明确了犯罪记录的定义——犯罪记录,是指我国国家专门机关对犯罪人员的客观记载。除人民法院生效裁判文书确认有罪外,其他情况均应当视为无罪。这就意味着,检察机关的不起诉决定,无论是相对不起诉还是绝对不起诉,既然没有法院裁判文书确认有罪,那就都算无罪,公安机关都应该出具《无犯罪记录证明》。

然而,对于受刑人员的犯罪标签,无论轻罪还是重罪,依然有着巨大的连累后果。

首先,犯罪标签会对个人的职业带来重大影响。按照现行法律规定,受过刑事处罚的人不能担任法官、公务员等二十多种职业;律师、医师将被吊销资格证书,法官、检察官、公职人员会被开除党籍和公职,连出国申请签证、自己开公司申请营业执照都会受到影响。

同时,刑法第100条规定了前科报告义务——"依法受过刑事处罚的人,在入伍、就业的时候,应当如实向有关单位报告自己曾受过刑事处罚,不得隐瞒"。也就是说,不管多么轻微的犯罪,在找工作和参军时都要承担"前科"报告义务。无论送外卖、开出租、应聘餐厅服务员等,你都需要向雇主报告自己曾经受过刑事处罚。虽然法律没有禁止雇主雇用服刑人员。但你想一想,当你提交受过刑事处罚的记录,雇主是否可能会因此歧视你?

其次,犯罪标签还会连累亲人。有的地方甚至孩子上小学都要家长提供"无犯罪记录证明"。在法律中,如果张三的近亲属或者直系亲属有过犯罪,张三想当警察、参军或者报考提前批的院校,比如军校、警校、司法院校,甚至当飞行员、船员都可能会受影响。

墨刑之耻

这种前科制度让我想到了中国古代的两种刑罚：一是墨刑，二是株连。

墨刑又称黥面、刺面，是在人身体上（主要是脸上）刺字，然后涂上墨汁等颜料，待墨汁浸入血肉，皮肤变色，伤口愈合之后，所刺之字也就成为永久的耻辱记号。

在旧五刑中，墨刑属于最轻微的刑罚，但是它的残忍之处在于不可逆，给人留下终生无法抹去的耻辱痕迹，一辈子抬不起头。

由于墨刑的不可逆转性，一旦受刑，终身受人歧视，不符合儒家教化为先的原则。公元前167年，汉文帝刘恒下诏废除肉刑，墨刑首当其冲，黥面之刑被改为"髡钳为城旦舂"。受刑之人不再刺字，改为男子剔去头发、胡须并以锁束项，去做为期五年的"城旦"苦役，女子则做五年的"舂米"苦役。此后直至汉末，墨刑都没再实行。

文帝废肉刑和一位伟大的女性有关——缇萦，虽然她当时只是一个年幼的小女孩。当时齐国的太仓令淳于意被判肉刑，他的小女儿缇萦陪同父亲到长安向文帝上书请求替父受刑。汉文帝非常感动，后来发布废肉刑诏书曰："今法有肉刑三，而奸不止，其咎安在？非乃朕德之薄而教不明与？吾甚自愧……今人有过，教未施而刑已加焉，或欲改行为善，而道亡繇至，朕甚怜之。"文帝先是罪己自责，然后认为刑罚的一个重要作用是教育，不能把人改过自新的路给堵死。这篇诏书今天读来，仍然令人感慨万千。

现在当然不再有身体上的肉刑，但是前科制度何尝不是一种精神上的肉刑。尤其在信息化的时代，这种标签可能会伴随人一辈子，甚至连累家人。这确实太过于严厉，与刑罚的教育功能相去甚远。

试想，如果犯罪人出狱，没有回归社会的可能，找不到工作，到处被人嫌弃，那么他们是不是更可能再次犯罪？

2018年四川省监狱在调研时发现：截至2018年1月，四川省在押重新犯罪罪犯占在押犯总数的24.40%，其中有34.33%的罪犯再次犯罪是因为犯罪前科的污名在就业时备受歧视，多数单位要求提供无违法犯罪记录。[1]

株连之累

至于株连制度，也在中国有着悠久的历史。将株连制度化的是商鞅变法。《史记·商君列传》记载："令民为什伍，而相牧司连坐。不告奸者腰斩，告奸者与斩敌同赏，匿奸者与降敌同罚。"因为犯罪而连累家人，法家的做法影响深远。

张三被父亲虐待，父亲坐牢。张三发奋图强考上大学，找工作却要受到父亲罪行的牵连，这合理吗？曾经有个学生找我，她身怀六甲，丈夫却涉了案。那个案子在我看来根本就是一个无罪的案件。她先是自学法律，挺着大肚子为丈夫奔走，申请了取保。在等待开庭期间，她和丈夫找到我，那男人声泪俱下。他的律师建议认罪认罚，理由是能换定罪免刑，实在不济也是缓刑，不用坐牢。他问我：这种处理结果是否有犯罪记录，会不会连累即将出世的孩子？我不知该如何回答他的问题。每一个案件，都是一个人的人生，甚至可以改变一个人的整个家庭。印象中，这个案件在开庭前，检察机关撤回了起诉。

---

[1] 四川省监狱管理局课题组：《四川省刑释人员重新犯罪问题探析》，载《犯罪与改造研究》2020年第5期，第7页。

根据国家统计局的数据，截至 2021 年，20 年来刑事罪犯的总数接近 2250 万，在这两千多万的罪犯中，不满 25 岁的青少年有 5274927 人，占比 23.4%，不满 18 岁的未成年人有 1163010 人，占比 5.1%。从性别来看，女性占罪犯的比例较少，以国家统计局收录的 2008 年至 2012 年的数据为例，在押服刑人数中女性占比均不超过 5.8%。[1]

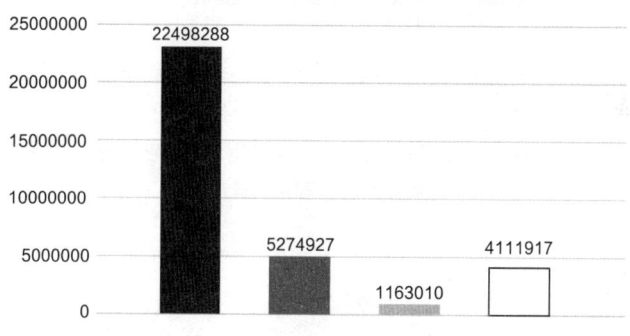

图 5：2002-2021 年 人民法院审理刑事案件罪犯情况
（数据来源：国家统计局）

---

1 青少年刑事罪犯数（人），国家统计局国家数据，https://data.stats.gov.cn/easyquery.htm?cn=C01&zb=A0S0P。

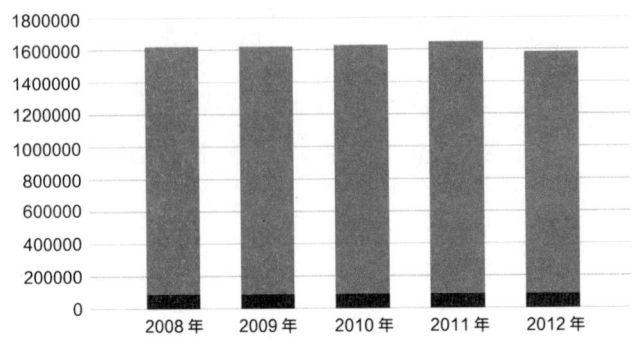

图6：2008-2012年在押服刑人员性别情况
（数据来源：国家统计局）

另据2020年《中国人口普查年鉴》，2020年，中国人平均初婚年龄为28.67岁，其中男性平均初婚年龄为29.38岁，2010年这组数值分别为24.89岁和25.75岁。可以肯定的是，有相当多不满25岁的青少年在入狱时还没有结婚生育，如果服刑结束，他们生儿育女，孩子从一出生开始就贴上犯罪人家属的标签，不仅会受世人的白眼，也会受到来自社会的歧视。

当然，法治的确在进步。在我成长的年代，高考前需要填写《高中毕业生家庭情况调查表》，父母以及其他近亲属、家庭成员、主要社会关系成员的犯罪记录需要在调查表中如实填写，并记入档案，这必然会对就业升学产生影响。现在有些省份已经取消了这种填报规定，但是，还仍然有相当多的考试需要填写近亲属和主要社会关系成员的犯罪记录，这种现象合理吗？

法律在慢慢地调整。2011年刑法修正案（八）对于前科报告义务进行了修改，免除了未成年人的前科报告义务，犯罪的时候不满十八周岁被判处五年有期徒刑以下刑罚的人，在入伍、就业时免除前科报告义务。这是一个非常重要的进步，对于未成年人还是应该贯彻改造教育的刑事政策。

修正案虽然免除了报告义务，但是犯罪的未成年服刑结束后，如果考上大学，毕业后能够当公务员、警察、法官、检察官吗？法律语焉不详。《犯罪记录查询工作规定》也规定，受理单位应当对此类申请人出具《无犯罪记录证明》。但这是否就意味着犯罪记录归零，仍存有争议。

关于一人犯罪受到刑事处罚，影响其子女、亲属参军、考公、进入重要岗位的规定是不是合理，时常引发公众讨论。有很多网友支持这种连坐制度，认为其可以实现较好的威慑功能，避免犯罪。"互联网断案，人均死刑。"这也许都是韩非子轻罪重刑观点的体现。

二、刑罚的根据，向前看还是向后看

从古希腊开始，就有两种争论。一种观点认为因为有了犯罪，所以才有刑罚。而另一种观点认为为了没有犯罪，所以需要刑罚。前者立足既往，认为罪犯实施犯罪，本身就应受到惩罚，善有善报恶有恶报，惩罚具有道德上的正当性，即报应主义思想。而后者关注将来，认为惩罚是为了预防犯罪，对社会有积极的作用，此乃功利主义思想。轻罪重刑更像是功利主义的向后看立场。

报应主义

报应主义可以满足人们的复仇情感。任何人受到侵害，都会希望罪犯受到惩罚，这种愤怒的情感是人性使然，如果严重的谋杀者不被判处死刑，那么被害人的家属很有可能就会走向复仇之路。侠客小说久盛不衰，很大程度上就是这种天然的复仇情感体现。

报应主义也可以保持社会道德平衡。尊重他人的生命、自由和财产，这是任何社会的基本规则。人们有义务通过自律来保证遵规守纪。要保证自己的权益不受侵犯，就必然要共同遵守规则，己所不欲、勿施于人，整个社会的道德也就呈现出一种水平状态。但如果有人跳出规则之外，实施犯罪，未承担义务，却获得利益，这就打破了道德均势。因此必须对其惩罚，才能重新保持社会的道德平衡。[1]

惩罚犯罪体现了对人的尊重，它既是对犯罪人的尊重，也是对被害人的尊重。犯罪人出于自由意志，选择犯罪，他也就预见了行为的后果。为了尊重他理性的选择，就要让他承担他所预见的后果。同时，犯罪人亵渎被害人的人格和尊严，刑罚必须纠正这种错误思想，通过对犯罪人的惩罚，恢复被害人被践踏的尊严。

报应主义并不支持重刑主义。无论是康德的等量报应，还是黑格尔的等价报应，它们都强调行为本身的应受惩罚性。等量报应就是以眼还眼，以牙还牙，张三戳瞎李四一只眼，李四也只能戳瞎张三一只眼，戳瞎两只眼就是报应的过度。但如果张三戳瞎李四两只眼，张三却是一个"独眼龙"，那就不太好实施等量报应了。这也是

---

[1] Joshua Dressler, *Understanding Criminal Law*, Lexis Nexis Matthew Bender, 2006, p12-13.

为什么等量的自然报应过渡到法律上的等价报应。只要伤害行为和报应行为在法律价值上相当,就是一个合适的报应,不能算过度。

在任何情况下,无罪不罚都是报应主义不可逾越的底线。报应主义与重刑主义存在根本性的不同,在康德看来,重刑主义的过度威慑把人当作了纯粹的工具,而在黑格尔看来,重刑主义并未尊重犯罪人作为理性的存在,"刑罚既被包含着犯人自己的法,所以处罚他,正是尊敬他是理性的存在。如果不从犯人行为中去寻找刑罚的概念和尺度,他就得不到这种尊重。如果单单把犯人看做应使变成无害的有害动物,或者以儆戒和矫正为刑罚的目的,他就更得不到这种尊重"[1]。

功利主义

功利主义巨匠英国哲学家边沁的名言是:"正确的行为是那些能够给最大多数人带来最大幸福的行为"。在边沁看来,法律应当以最小的社会痛苦,追求社会福利的最大化。在一个理想的社会,给人造成痛苦的犯罪和刑罚都是不应该存在的。

然而,我们毕竟没有生活在理想社会,总有一些人会实施犯罪。边沁认为,犯罪和刑罚都会给社会带来痛苦,用刑罚之痛去抵制犯罪之痛,这叫"以毒攻毒"。如果刑罚之痛小于犯罪之痛,但却能防止更多的犯罪,比如刑罚对社会造成了三个当量的痛苦,而它却遏制了多于三个痛苦当量的犯罪,那么刑罚就是合理的。如果刑罚不足以遏制犯罪,那这种刑罚就纯粹是一种浪费,它比多余的刑罚

---

[1] [德]黑格尔:《法哲学原理》,商务印书馆1961年版,第119页。

更为有害。边沁举了一个形象的例子，说这就像医生给患者做手术，让病人遭罪但却毫无成效，还不如不做手术。[1]

在功利主义者看来，人都有趋利避害的本能，在行为之前，人们会权衡利弊，比较犯罪带来的快乐，与可能遭受刑罚的痛苦。如果结论是刑罚之痛大于犯罪之乐，那么他们就不会去实施犯罪。[2]

功利主义有两种主张，一是一般预防，二是特殊预防。

一般预防也就是所谓的杀鸡儆猴，对犯罪人施加惩罚是为了威吓社会公众，让他们不要以身试法，这其实是将犯罪人以外的所有人视为潜在的犯罪人。比如，各种法制节目，其实就是起到一般预防的作用。

特殊预防针对的是犯罪人本人，防止他们再次犯罪。特殊预防至少可以在三个方面得到实现：首先是让罪犯身陷深牢大狱，把他们与社会隔离开来，不致再危害社会；其次，罪犯曾受的刑罚痛苦也提醒他们出狱之后要奉公守法，否则必将再次身陷囹圄，痛苦不堪；最后就是矫正刑，它强调对罪犯的教育改造，通过刑罚让他们洗心革面，重新做人。

美国有一部《梅根法案》(Megan's Law)，就是性犯罪人的登记制度。对于性犯罪人，出狱之后必须到社区登记，有的地方甚至要求信息在网上公布，大家可以随意查询。还有的地方要求性犯罪人在家门口立一块牌子，表明自己是性犯罪人。

这肯定会起到一般预防的作用，威慑大家不敢去实施性犯罪，

---

[1] Wayne LaFave, *Criminal Law*, West Academic Publishing, 2010, p31.
[2] Joshua Dressler, *Understanding Criminal Law*, Lexis Nexis Matthew Bender, 2006, p9.

因为实施了就是一辈子的耻辱，同时也可以防止犯罪人再次犯罪，毕竟其是作为重点防控对象。

但是，这有助于他们改造自新吗？还记得之前提到的缇萦救父吧，重刑之下，罪行依然不止。文帝废除肉刑之举，无疑具有划时代的意义，它首次将存在了两千多年的肉刑废除，是刑罚从野蛮走向文明的重要标志，符合社会进步的要求。同时，改革还体现了文帝对刑罚目的的新认识：刑罚不仅仅在于惩罚犯罪，还在于改造罪犯。文帝充分认识到刑罚的教育功用，为罪犯开辟了改过自新、重新做人之路，因而文帝的改革被后世颂为"千古之仁政"。

所以，这种性犯罪人的登记制度可能也要考虑法律诸多价值的平衡，在实现一般预防的同时，也要考虑对犯罪人的改造，否则他们自暴自弃，反而可能实施更多的犯罪。一个可行的方案就是登记之后，允许特定机构查询，比如学校和儿童保护组织。你觉得呢？

三、相互批评与切磋

报应主义与功利主义，这两种主义卫道士的相互争辩，延续了数百年。

报应主义对功利主义的批评

其一，对于功利主义的一般预防，报应主义认为这是把罪犯当作实现其他目的的工具，是对罪犯人格的亵渎。而功利主义对此批评不以为然，他们认为任何人的权利都可能被限制。社会的进步与每个人息息相关，犯罪分子是社会中的一员，他也可以从社会进步中获益，因此不是单纯的工具。

其二，功利主义有冤枉无辜的风险。这主要也是针对一般预防而言，假定某地发生了一起恐怖主义袭击，多人丧生、受伤，办案机关面临强大的压力要找到行凶者，民众也希望罪犯被绳之以法。如果办案机关找一个替罪羊，并让民众相信这个替罪羊就是罪犯，对其进行惩罚，民众的复仇感也就可以得到满足。按照边沁功利主义的逻辑，民众幸福的增加（或痛苦的减少）将超过无辜者的痛苦，所以利大于弊。[1]

功利主义对此指责倒也不好直接反驳，不过他们认为这类案件应该很少发生。而且最后如果公众知悉真相，从而失去对司法的信任，这比当初威慑公众的社会效果，要糟糕得多。从这个角度来说，这种做法本身就不符合功利主义。[2]

然而，这种反驳的最大短板在于：如果公众无法知悉真相，让替罪羊替罪一直是高效而秘密进行的，民众陶醉于办案机关打击犯罪的果敢与效率，那么让无辜者顶罪的做法就是合理的吗？功利主义对此质疑很难反驳。只要过程足够保密，民众蒙在鼓里，这似乎符合功利主义。但这种想法本身就让人非常不安，谁能保证自己不会成为那只替罪羊呢？[3]

1　[英]乔纳森·沃尔夫：《政治哲学》，毛兴贵译，中信出版集团2019年版，第61—62页。
2　Joshua Dressler, *Understanding Criminal Law*, Lexis Nexis Matthew Bender, 2006, p15.
3　[英]乔纳森·沃尔夫：《政治哲学》，毛兴贵译，中信出版集团2019年版，第64页。

其三，对于特殊预防，尤其是其中的矫正刑思想，报应主义认为不切实际。矫正刑一般认为不良的社会环境是导致犯罪的主要原因，罪犯只是暂时生病的病人，国家不应该惩罚作为不良社会环境产物的犯罪人，而应当通过刑罚来教育和改造犯罪人，使其自身得到改造，重返市民生活。

但是报应主义认为，既然家庭、学校、宗教等各种方式都无法劝阻罪犯实施犯罪，有什么理由认为他们能在监狱中被矫正。同时，罪犯出狱之后，再犯率居高不下也表明，矫正刑只是一种空想，在现实社会中很难实现。[1]

功利主义对报应主义的批评

对于报应主义的指责，功利主义毫不示弱，他们反唇相讥。

其一，报应是无效的。功利主义认为，如果惩罚本身不能增进社会福利，这种刑罚是没有意义的，刑罚的目的本应增进社会福利，而不是给社会带来痛苦。这种指责其实是立场问题，功利主义用结果来证明手段的对错，而报应主义并不考虑结果，只看行为本身是对是错，只要犯罪人实施了犯罪，在道义上就必须受到惩罚。

其二，报应是感性的。功利主义批评报应主义是远古社会复仇情绪的延续，过于感性，而理性不足。

对于这些批评，报应主义的回应是，感性本身是具有道德力量的。道德在很大程度上来源于人们的感性评价。比如，富有同情心

1　See Joshua Dressler, *Understanding Criminal Law*, Lexis Nexis Matthew Bender, 2006, p23.

是一种良好的道德品质，人们在感性评价上也会肯定这种道德品质。同样，对于犯罪分子的愤怒，是一种完全正常的感性评价。人们的愤怒表明，犯罪侵犯了我们的权利，它必须受到应有的惩罚。这种愤怒在道德上是完全正当的，它表明我们对自身和被害人权利的尊重。[1]

综合主义

报应主义和功利主义各有利弊，当前几乎没有哪个国家采取绝对的报应主义或者功利主义，通行于世的是综合主义，也就是将两者结合起来，优势互补。而两种思潮也在论战中，不断调整，以适应新的情况。

虽说综合主义是取各家之长，但它总应有个主次之分。在我看来，惩罚的根据应该以报应为主，功利为辅。只有当人实施犯罪，才能施以刑罚。无论能够实现多么美妙的社会效果，都不能突破"无罪不罚"这条底线。另外，即便罪犯丧失犯罪能力，他也应该受到最低限度的惩罚。

只有在报应的基础上才能考虑功利的需要，通过对罪犯的惩罚，约束公众的行为，使他们不敢铤而走险。当代的一般预防理论，已经从以往的消极预防走向了积极预防，它不再将社会公众视为潜在的犯罪人，把他们纯粹作为恐吓的对象，而是将他们看成守法公民，通过对罪犯的惩罚来强化人们的守法意识。人是社会性的生物，其行为经常会受到他人行为的影响。

1　See Joshua Dressler, *Understanding Criminal Law*, Lexis Nexis Matthew Bender, 2006, p16.

心理学家津巴杜做过一个实验，他将车停在斯坦福大学校园内，好几周过去了，车都没出什么问题。后来津巴杜用锤子把车的挡风玻璃砸了，此后，很多人都自发地加入砸车行列，车最后几乎报废。从这个实验中，津巴杜得出结论，一辆置于公众场合的被砸车辆，会将人们毁坏财物的犯罪倾向释放出来。

按照津巴杜的理论，人们实施犯罪，很大程度上是受到周边环境的影响，法律要通过惩罚犯罪，创造一个良好的守法环境，而这种环境会进一步强化人们的守法意识（社会影响理论，Social impact theory）。创造守法环境，要求法律更多地关注社会治安，如打架斗殴、寻衅滋事，这些犯罪看似微小，但却是人们经常可以看见的，因此会强有力地影响人们的行为举止。[1]

另外，刑罚还要考虑特殊预防的需要。根据报应主义，可以设计出罪刑的基本关系，在"轻罪轻刑、重罪重刑、无罪不刑"的框架内，按照主观上人身危险性的不同，分配不同的刑罚。如抢劫罪，其基本刑罚幅度是三年以上十五年以下有期徒刑，这是根据报应主义确定的，在这个幅度内，就可以综合考虑罪犯的悔罪表现、平时表现、是否惯犯等各种因素，施加不同的刑罚。

同时，罪犯不是野兽，他不应被社会抛弃，监狱等各类行刑机构应当创造各种条件，将罪犯改造成守法公民，让他们重回社会。虽然有许多数据显示，监狱在矫正罪犯方面的低效与无能，很多罪犯出狱之后，还是会重操旧业，但这并不意味着监狱矫正制度本身失败，也可能是社会缺乏足够的宽容去接纳失足者。犯人出狱之后，

---

[1] 李本森：《破窗理论与美国的犯罪控制》，载《中国社会科学》2010年第5期，第154页。

缺乏学历、缺乏技能，无法养家糊口，到处遭人歧视，只能再次犯罪，我们能把责任全推给监狱吗？因此，为了更好地矫正罪犯，必须有良好的社会接纳体系。

然而人的理性永远是有限的。刑罚既要考虑报应，又要考虑预防。但是向前看的报应和向后看的预防到底如何折中，似乎是一个永远无法完成的任务。

四、轻罪重罚、功利主义与牵连家人

有人会认为，轻罪重罚的威慑观是功利主义倡导的一般预防，这其实也是一种误读。

一般预防与重刑主义的区别

大家要特别注意一般预防和法家重刑主义的区别。商鞅《商君书·画策》："以杀去杀，虽杀可也。以刑去刑，虽重刑可也。"对很轻的犯罪也可以实施重刑，就像为治普通感冒，可以给病人用最猛的抗生素。这和功利主义并不相同，功利主义认为刑罚之恶不能超过犯罪之恶，多余的刑罚也就是多余的恶。如果感冒用猛药，说不定把人体的免疫系统给彻底搞坏，反而让其一命呜呼。同理，如果社会的免疫系统被破坏，那么反而会造成摧毁性的后果。所以老子批评法家"民不畏死，奈何以死惧之"，如果盗窃几百块钱也判死刑，那行为人很可能实施更为严重的犯罪。

连坐制度属于典型的重刑主义，法家的连坐包括亲属连坐、地域连坐、职务连坐，并在范围上不断扩张。根据史记的记载，商鞅下令把秦国百姓十家编成一什，五家编成一伍，互相监督，一家犯法，十家连带治罪。不告发奸恶者腰斩断，告发者获得与斩敌首级同样的奖励，隐藏奸恶者的惩罚与投降敌人者一样。一家犯法，其余九家若不检举，那就同罪。[1] 邻人之间彼此监督，远亲不如近邻则是天方夜谭。秦始皇时期，连坐更是达到了登峰造极。《史记·始皇本纪》记载："始皇幸梁山宫，从山上见丞相车骑众，弗善也。中人或告丞相，丞相后损车骑。始皇怒曰：'此中人泄吾语！'案问，莫服，捕时在旁者，尽杀之。自是后，莫知行之所在。"没有人认罪就杀掉所有随从，这确实令人胆战心惊。

总之，因为一人犯罪就牵连子女的"猛药"，并不完全符合现代刑罚有节制的功利主义。另外，连坐制度也很难实现功利主义强调的特殊预防，犯罪人及其牵连者，都会在社会生活中受到限制，无法作为一般人从事工作生产。当前，服刑人员的再犯现象是一个非常值得警惕的问题。这就是为什么在法律中很少能够找到有连坐制度的踪迹，这里的法律是全国人大及其常委会制定的法律。无论是公务员法，还是兵役法都没有规定家人犯罪就不得录用。至于各种内部规定是否违反上位法，这又是一个需要慎重思考的问题。

法治从不幻想在现世建立黄金世界，它只是为了避免出现最坏的结果——这也许是法律人一个重要的思维逻辑，凡事都想到最坏，避免出现最坏的结果。也因此，法律人很少将自己代入强人的角色，

---

[1] 参见《史记·商君列传》载："令民为什伍，而相牧司连坐。不告奸者腰斩，告奸者与斩敌同赏，匿奸者与降敌同罚。"《史记·索隐》载："牧司谓相纠发也。一家有罪而九家连举发，若不纠举，则十家连坐。"

而往往把自己代入弱者的视野。

法律界为什么担忧连坐制度，就是害怕出现滑坡现象，如果父母有罪，子女不能报考公务员，那么罪责自负的原则就已经被突破，例外的例外就会无穷匮也。谁知道哪天不会出现五服以内都受牵连，抑或某个地域一律牵连的情况。甚至商人子弟不能为官，人分三六九等的思想死灰复燃。不能考公会不会滑坡到不能考事业编，甚至不能进入大企业。须知很多企业招聘也参照公务员录用标准。

还记得罗尔斯的无知之幕理论吧，你是希望出生在一个父亲贵族、儿也贵族的身份社会，还是希望出生在一个即便父母罪孽深重，但你依然能不受牵连，独立生活的社会呢？

多数就正确吗？

有人认为，多数意见认为应该保留连坐制度，法律应该听从民意。姑且无论是否存在这种多数意见[1]，但至少在政治哲学领域，多数并不代表着正确。公元前 399 年，苏格拉底因不敬神和蛊惑青年的罪名，经雅典五百零一人参加的公民大会公审而被判死刑。从苏格拉底之死开始，人们就开始对"多数即正确"的观点提出了质疑。如果一味地强调多数的正确性，那么就不可避免地导致"多数的暴政"。

有人可能会以功利主义和社会契约论为多数即正确进行辩护。

---

[1] 有媒体发起投票"罪犯子女考公限制应该消除吗？"结果显示，4.4 万票认为应该消除，14.9 万票认为不应消除。田雨阳《"建议消除对罪犯子女考公限制"冲上热搜，网友吵翻了》，浙江在线 2023 年 3 月 2 日 https://new.qq.com/rain/a/20230302A09J3600。

边沁式的功利主义所说的"最大多数人的最大幸福"隐含的意思似乎就是多数代表着正确。但是这种功利主义被后来的穆勒修正,穆勒认为只有尊重个人的自由才会有最大的功利。在其经典之作《论自由》一书,穆勒开篇即引用冯堡的名言:"人类最为丰富的多样性发展,有着绝对而根本的重要性。"

穆勒认为:"只要我们的行为不伤及他人就不受人们干涉,即使在他人看来我们所行是愚蠢的、乖张的或者错误的。"[1]穆勒从尊重个人自由的角度修正了边沁式的功利主义,避免其忽视个人权利,沦为多数的暴政。

无独有偶,社会契约论也经历了类似的修正。卢梭在社会契约论中区分了"众意"(the will of all)和"公意"(the general will),前者是根据自己的利益来投票,后者则是根据一个人对何为正确的理解来投票。[2]比如,张三同学要参加公务员录用考试,所以他希望竞争越小越好,因此支持父母有过违法犯罪记录,子女不能参加公务员考试。这符合他的个人利益,把这种个人意志相加,就形成了众意;再如李四同学家世清白,考公五次均落选,正在做第六次冲刺,但他仍然认为罪责自负是文明的底线,不应该让父母的犯罪行为影响子女考公。这一想法并不符合每个人的个人利益,却符合共同利益和普遍利益,这就是公意。总的来说,众意强调个体意愿的集合,而公意则强调社会的整体意志,通常与更广泛

---

1 [英]约翰·穆勒:《论自由》,孟凡礼译,广西师范大学出版社2011年版,第12页。
2 [英]乔纳森·沃尔夫:《政治哲学》,毛兴贵译,中信出版集团2019年版,第96页。

的公共利益和价值观联系在一起。然而，众意和公意并不好区分，有时仍然是按照投票结果来决定的，这依然无法在事实上避免多数的专断。

"当人们在人民大会上提议制定一项法律时，他们向人民所提问的，精确地说，并不是人民究竟是赞成这个提议还是反对这个提议；而是它是不是符合公意；而这个公意也就是他们自己的意志。每个人在投票时都说出了自己对这个问题的意见，于是从票数的计算里就可以得出公意的宣告。因此，与我相反的意见若是占了上风，那并不证明别的，只是证明我错了，只是证明我所估计的公意并不是公意。"[1] 罗尔斯以无知之幕假说对社会契约论进行了修正，每个人在区分"公意"和"众意"时，都应把自己带入弱者的地位来想问题，不要动辄带入强者立场。

总之，功利主义的视角并不必然要忽视个人自由，而社会契约论的视角则要我们区分自己的意见到底是基于个人私利形成的"众意"，还是基于理性形成的"公意"。更为重要的是，在犯罪人数不断激增的背景下，如果无知之幕落下，你或你的孩子能否保证就降生在一个无犯罪人的家庭呢？不少实施犯罪的人本来就是社会的弱势群体，如果还要牵连他们的家人，这是否会雪上加霜呢？

自然歧视与法律歧视

世界充满歧视，我们受到他人的歧视，也或多或少对他人有所歧视。虽然歧视无处不在，但法律不能纵容这种歧视。有时我们在

---

1 [法]卢梭：《社会契约论》，何兆武译，商务印书馆1996年版，第136页。

A群体中受了歧视，要通过歧视B群体找补回来。

每年找工作时，都有一些因为患有高血压、糖尿病、贫血而未通过入职体检的学生找到我，认为标准不合理，是对他们的歧视，希望能够修改标准。记得有一个学生说自己又不是艾滋病，凭什么体检被判不合格。当时我其实想和他说，看来你也歧视艾滋病人。传染病防治法第16条则明文规定，"任何单位和个人不得歧视传染病病人、病原携带者和疑似传染病病人。"2006年3月1日正式施行的《艾滋病防治条例》第3条规定："任何单位和个人不得歧视艾滋病病毒感染者、艾滋病病人及其家属。艾滋病病毒感染者、艾滋病病人及其家属享有的婚姻、就业、就医、入学等合法权益受法律保护"。法律不允许歧视艾滋病人，但是我们有多少人能够克服这种歧视呢？在内卷那么严重的情况下，如果被招录人只有身体条件的差异，你又会录用谁呢？

东野圭吾的《信》，讲了一个令人深思的故事，直贵是一个盗窃杀人犯的弟弟，他一生都被歧视，工作被歧视，恋爱被歧视。他爱上了一个女孩，女孩的父亲中条先生知道他的身世之后，找到主人公直贵，给他下跪，希望他不要再纠缠自己的女儿。直贵只能放弃自己的挚爱，他知道自己的爱情不会被人祝福。后来直贵和与自己有类似经验的女孩结婚，生了孩子，最后孩子上幼儿园也被歧视。

在这本小说中，直贵在遭受一连串的歧视之后，非常委屈。但他后来慢慢地认为，自己的社会性死亡，正是对哥哥罪行惩罚的一部分。他无奈地接受了自己的命运，说："没有歧视和偏见的世界，那只是想象中的产物。人类就是需要跟那样的东西相伴的生物。"小说没有选择童话性的结尾，因为人生本来就是一种开放性的状态，存在各种可能。

读这本书的时候，我时常在想，作为父亲，我们是不是都会像中条先生一样，不希望女儿和这样的家庭结合。

社会无法根除歧视，放弃歧视更多依靠道德自律，而不是法律的强迫。但是，法律既要听从民众的声音，又要超越民众的偏见。虽然法律不能强求民众放弃这种偏见，但是法律不能鼓励并助长这种歧视。虽然很多人都歧视艾滋病人，但法律禁止在就业、入学等方面对其进行歧视。多年前我们也有媒体报告，孩子上幼儿园、上小学也要家长出具无犯罪记录证明，这种歧视显然不能为法律所确认。很多人谈婚论嫁强调门当户对，家世清白，但是这些标准肯定不能写进法律。

法律的伟大之处在于它是超越个人情感的，虽然很难，但是我们依然要有理想。虽然所有的理想都要接受现实的妥协，但没有可以对标的理想，苟且就是我们唯一的选择。

人无法选择自己的父母，很多犯罪也与道德过错无关，刑法中有很多犯罪并不具有道德上的可谴责性。比如，很多人不知道买鹦鹉可能是犯罪（最高可判十五年），也不知道从海外买药可能构成走私毒品（最高死刑）。另外，从自然结果来看，子女本身就是父母犯罪的被害人。一旦父母入狱，他们本身就会受到社会歧视，法律何必落井下石、赶尽杀绝。更有甚者，子女有时还是父母犯罪的直接被害人，如父母虐待子女、遗弃子女、出卖子女、性侵子女，不一而足。

当然，有人可能会说，是不是可以区分自然犯和法定犯、故意犯和过失犯、对己犯和对他犯，对于某些可以牵连，某些就不应该牵连。这种折中的思路值得进一步研究，但我们还是担心它会出现滑坡效应，更重要的是它与无罪不罚、罪责自负这个公正的基本原理是相悖的。

法律的生命是经验，而非逻辑，没有人拥有完全的理性，因此也不能在理性上被彻底说服。人类各个时代千千万万的人从个人经验中汇总的海量知识，一定大于我们这些自诩为法律专家的狭小认知。但是，我们依然有责任说出自己专业的意见。法律没有最优解，只能提供一个相对较好，或者说最不坏的解决方案。

轻罪重刑，还是轻罪轻刑，或者说刑罚应该向前看，向后看，还是瞻前顾后，你有答案了吗？

想一想

经济地位、社会地位低和经济地位、社会地位高的人，实施相同的犯罪，对哪个人的刑罚应该更重？

因果关系：不可假设但又必须假设

刑法上的因果关系指的是危害行为和危害结果的客观联系。几乎在所有复杂的案件中，我们都能看到因果关系判断的深不可测。

一、离奇的跳车案

2020年9月的一天，王某驾车载着妻子去看3岁多的女儿。路上二人发生争吵，坐在后座的妻子李某打开车门跳了下去。裁判文书显示，二人争吵的原因是妻子想要出去吃火锅而拒绝看望女儿。王某发现妻子跳车，立即停车查看，并拨打120急救。但医生到场后发现，李某是头部落地，颅脑严重损伤导致当场死亡。王某主动到派出所投案自首。法院认为，王某因过于自信的过失致一人死亡，其行为已构成过失致人死亡罪，考虑王某与被害人家属达成和解协议并取得书面谅解、自愿认罪认罚，依法可以从宽处罚。法院最终判决：被告人王某犯过失致人死亡罪，判处有期徒刑二年，缓刑三年。[1]

在这个案件中，王某的争吵与妻子的死亡是否存在因果关系呢？

首先，因果关系成立的一个前提条件是：这件事一定是危害行为，而不是任何行为。它不能包括人们在日常生活中经常从事的通常行为。

张一扎小人把张二"扎死"；张三用余光把张四瞥死；张五劝张六参加大胃王比赛，把他撑死；张七让张八坐飞机，希望飞机掉下来，果然飞机失事。这些都不需要考虑因果关系，因为这些都不属于危害行为。在李某跳车案中，争吵行为一般不宜认作危害行为，因为夫妻间吵架比较普遍。但如果在吵架时动手，那可以视为危害行为。

其次，因果关系分为事实上的因果关系和法律上的因果关系，只有后者才是追究刑事责任的根据。妻子张九放火烧家里废弃的茅草屋，结果丈夫张十跑进火海，因为他的私房钱全部藏在茅草屋里。张十被火烧死，张九和张十的死亡有因果关系吗？

条件说认为，如果没有前者就没有后者，那么前者就是后者的条件。但是，按照这种推理逻辑，张三杀人，其母也与杀人行为有因果关系。如果她没有生这个儿子，杀人凶手也就不会出现，自然不会为祸人间。这么看，中国古代的连坐制度好像也有合理之处。但在现代刑法理论中，条件说显然处罚太广，必须对其有所限定。

相当因果关系说对条件说进行了一定的限定。该说认为条件说得出的只是"事实上的因果关系"，在事实上的因果关系的前提下，

---

[1] 刘家杭：《想吃火锅被拒，妻子生气跳车身亡！丈夫被控过失致人死亡，法院这么判》，载微信公众号"上海法治报"2023年2月5日，https://mp.weixin.qq.com/s/kL9oQx-Q1Bq-Wk1rQMdZrg。

还要进行一定的筛选，也就所谓的相当性得出"法律上的因果关系"。相当性其实就是一种概率判断，只有根据一般社会生活经验，行为高概率地引发结果才具有相当性。换言之，在导致结果发生的诸多条件中，选择那些在概率上看最重要的条件。所以，相当因果关系说也被称为重要条件说。

比如，张三叫李四来吃饭，李四在路上被车撞死，被车撞死是高概率吗？不是的。但是张三在冬天把李四打昏在地，当晚他被冻死，那么在冬夜昏迷之人冻死的概率呢？自然就是高概率事件，所以存在因果关系。

最后，这种联系是一种客观联系，不考虑行为人的主观意愿。最典型的案件是特异体质案。张三用刀把李四刺伤，李四受了轻微伤，但李四有血友病，流血不止。在这个案件中，张三不可能知道李四有血友病，但这并不影响刺伤行为与死亡结果的因果关系，毕竟是你捅了他一刀，诱发了他的疾病。李四有血友病这是一个客观存在的事实，这个事实加上被刺伤的诱因，导致死亡概率很高。当然，有因果关系不代表着必然承担刑事责任，因为定罪量刑还要考虑主观方面有无故意或过失。

所以，大家注意到因果关系有三个前提：第一，因果关系必须是危害行为与结果的关系。如果连危害行为都算不上，那根本不需要讨论因果关系；第二，在事实因果关系上筛选出法律上的因果关系；第三，因果关系是客观的，不取决于人的主观想法。

在跳车案中，如果王某只是单纯和妻子吵架，这不宜认定为危害行为，那就不可能存在因果关系；但如果在吵架时王某扇了妻子一耳光，妻子跳车，那就需要考虑危害行为与结果的因果关系，也即跳车是高概率事件，还是低概率事件。

二、因果关系是不可假设的

既然说因果关系是客观的,那它就不能进行主观假设。

张三即将被执行死刑,但李四在张三行刑前一分钟将其杀害。从表面上看,如果没有李四的行为,张三也会被执行死刑。于是就说李四和张三的死亡没有因果关系,这显然是荒谬的。按照这种逻辑,任何致人死亡的因果关系都可以被否定,因为人终有一死。你会发现,人的死亡一定有确定的时间点和空间点。一秒钟的生命也是生命。在上述杀害死刑犯的案件中,李四的行为让张三少活了一分钟,所以当然有因果关系。

但有人提出了一个逆向型的案件:张三约李四来海滩旅行,欲毒杀他。李四兴冲冲地坐着早班车前往海滩。24小时后到达海滩,张三在烛光晚餐中将依然沉浸在爱情甜蜜中的李四毒死。后来发现,当李四一离开家,全家人包括五条狗都被仇人杀死。

在这种情况中,张三的投毒和李四的死亡存在因果关系吗?如果张三不邀请李四来海滩,李四可能早就死了。正是因为张三想毒杀李四,李四还多活了几天。李四是不是还要感谢张三?

这种结论当然也是荒谬的,这再次提醒我们因果关系是客观的,没有人有能力去假设因果关系,人无法回到过去,已经过去的事情是不可逆的。现在看本书的同学,想一想如果你没有打开这本书,今天晚上你出去放飞自我,说不定也会有"飞来横祸"。

有一部很老的电影《生活多美好》(*It's a Wonderful Life*),比我们大多数人的年纪都大。每当我灰心沮丧时,就会想起这部电影。主人公乔治觉得自己人生充满失败,毫无意义,还不如没有出生的好。

乔治左耳失聪,无法参军报国,本来准备外出上学见见世面,父亲又突然病故，只能在小镇虚度一生。勉力维持的公司有一天濒临破产，乔治准备在圣诞节前跳河自杀。这时，上帝派天使来拯救他，让他了解到没有他的世界会有多么悲惨。正是因为他的正直和良善帮助了很多人，让小镇没有成为一个堕落的中心。弟弟九岁时落水，他出手相救，以致耳朵失聪；药店老板错把毒药配成治病的药，他不惜被老板痛骂也要及时纠正；为了挽救父亲的公司，他把上大学的机会让给了弟弟；他拒绝了十倍高薪的诱惑，让小镇的居民都住上了物美价廉的新房。

这部电影始终提醒我，我们没有能力假设因果关系，我们无法回到过去，也无法预测未来，只能把当下作为礼物（present），做好此时此刻的事情，每个人点滴的善意都会让世界更美好。

因此，刑法理论认为，"假定的因果关系"这个概念没有意义，它会让人误认为因果关系只是一种纯粹的假定。

三、因果关系又必须假设

细心的同学会发现一个小问题，事实因果关系的条件说——如果没有前者就没有后者，不也是假设吗？既然因果关系不能假设，那为何这又要进行假设呢？

张三枪杀王五，王五死亡。王五是被张三杀死的吗？张三如果不开枪，王五会死亡吗？这不好说，因为枪也不一定会把人打死。另外，你怎么知道张三如果不开枪，王五不会因为其他意外而死。比如，在张三瞄准开枪之前，王五突然想起女友和他分手的伤心之事，跳河自杀。

不要以为这只是理论上的无稽之谈，现实中的过失犯罪情况更为复杂。2019年10月10日傍晚，无锡一处高架桥桥面侧翻，有车辆掉落，侧翻的桥面压住了底下正常行驶的车辆。造成3死2伤。次日，无锡市人民政府办公室通报称，经初步分析，侧翻事故系运输车辆超载所致。司机的超载和桥梁倒塌有因果关系吗？如果大货车不超载，桥梁就有可能不倒塌吗？你能回到过去去假设这一切吗？毕竟发生的就已经发生了。

在大量的交通肇事案件中，你都会听到类似的辩解。被告人张三驾驶汽车行至某路口时，发现散落在路面上的雨水井盖。但其因超速（该路段限速60公里/小时，被告人的车速高于77公里/小时）采取措施不及，车辆轧上井盖后失控，致其冲过隔离带进入辅路，与正常行驶的杨某所驾驶的汽车和骑自行车正常行驶的刘某等人相撞，造成3人死亡、2人受伤。经交通管理部门认定，被告人张三负此事故全部责任。法院后以交通肇事罪判处其有期徒刑三年，缓刑三年。

在这个案件中，法院认为张三违反了交通法规，超速行驶，因此导致了事故发生。但问题在于，如何确定超速行驶与事故发生存在因果关系？辩护律师要求做一个侦查实验，我们在同路段用同样的速度开车，测算一下车辆的运动轨迹。比如安排无人驾驶的车辆，或者干脆在计算机上建模处理。

法官会接受这种辩解吗？会同意进行这种侦查实验吗？估计不会。

十多年前，我曾经碰到一个案件，甲、乙、丙、丁四人准备敲竹杠，打算两辆车左右夹击大货车司机，想逼停大货车司机。左边的车突然强行开到大货车前，想逼停司机，司机车速太快，把左车撞到沟里，车着火。右车停了下来，甲、乙两人下车准备跑去救左车中的同伙丙、丁，却和大货车司机相遇，双方对打起来。最终左车的司机丙爬出车外，但是同车的丁因火势太大被烧死了。

司机被控过失致人死亡罪，理由是如果他不阻碍救火，丁就不会被烧死，司机说自己不知道车里还有其他人。公诉机关认为，如果司机知道车里有人，那就是故意犯罪，既然不知道车里有人，那至少是过失致人死亡。这里的问题是，有证据显示，当时火势非常之大，如果司机不和他们打斗，甲、乙就能及时救出丁吗？你觉得司机构成过失致人死亡罪吗？

关于这个案件的因果关系，可能有三种判断路径。

一种是危险升高理论，只要行为导致了危险，那就推定行为和结果有因果关系。当然，这里的危险必须是社会禁止的危险，不包括社会容忍的危险，后者并非法律上的危害行为。我们生活在一个危险的世界，危险和机遇是一个硬币的两面，没有危险就没有机遇。人工智能如自动驾驶技术肯定有危险，但法律不能禁止所有危险，只能禁止社会所不容忍的危险。比如，张三开发了一款自动驾驶技术，其算法规则是保高不保矮，保富不保穷，保官不保民。智商120的和80的乘客，可以牺牲80的去保护120的，985的和211高校的学生，可以牺牲211的去保护985的，这种算法规则制造的危险就是社会生活无法容忍的。

第二种立场则是结果回避可能性理论，如果履行了注意义务，可能防止结果的发生，那么就存在因果关系。张三的老婆罹患精神疾病，疾病发作拿着刀砍张三的岳母，张三没有制止，反而幸灾乐祸，打开某站看短视频，最后岳母倒在血泊中。作为监护人的张三，如果及时制止妻子的行为，不至于酿成大祸。张三没有制止的不作为行为就和死亡结果有因果关系。但是，可能性的判断总是不可能完全排除疑点的。因果关系本身就是或然性,而非必然性的理论。

危险升高理论强调行为本身错误,而结果回避可能性理论则强调结果的错误。

第三种立场是一种折中性的理论,也被称为结果回避高度或然性理论,就是按照概率法则进行判断,如果履行义务,如张三超速案中,如果他当时不超速,较大的概率不会发生死亡结果。这其实是对英国哲学家休谟因果关系理论的借鉴,按照休谟的立场,任何已知都不能推测出未知。因为因果关系只是一种描述性的,是对已知经验的总结和归纳,或者说,任何因果关系,都只是一种概率性推测。

法院最后采取折中说,认为火势非常之大,即便不阻碍救助,大概率丁也无法被救出,所以认为司机不构成犯罪。

四、一个可能的解决之道

看来,因果关系不能假设,但似乎又必须假设。休谟认为人类根本没有能力去把握因果关系。[1]

---

[1] "我们所有的因果概念只是向来永远结合在一起并在过去一切例子中都发现为不可分离的那些对象的概念,此外再无其他的因果概念。我们不能洞察这种结合的理由。我们只观察到这件事情自身,并且总是发现对象由于恒常结合就在想象中得到一种结合。当一个对象的印象呈现于我们的时候,我们立刻形成它的通常伴随物的观念;因而我们可以给意见(opinion)或信念下一个部分的定义:它是与先前一个印象关联着或联结着的观念。"[英]大卫·休谟:《人性论》,关文运译,商务印书馆2016年版,第107页。

在休谟看来，因与果的联系不是靠理性推导出来的，是靠相信它们之间有因果关系而来的，它存在于一个信心或盼望的跳跃，比如，我们认为明天必定会来到，是基于经验中对昨天、今天与明天的"知识"，不自觉地把明天作为今天的结果，这是盼望和信心，不是"知识"！

休谟提醒我们，因果关系只是一种经验判断，虽然这种经验判断可能不稳定，但这是人类的局限，我们要接受这种局限。我们对因果关系的判断只能根据人类的经验，同时这种经验与我们现在认识的客观规律并不违背。客观规律在本质上也只是一种升华的经验。当我们说因果关系不能假设，强调的是它不能无视客观法则地回溯过去，而当我们说因果关系可以进行假设推理时，侧重的则是因果关系要根据当下的经验事实进行客观归责。

之前我们说过惩罚的主要根据是报应，而不是预防，是对已然之罪的报复，而不是对未然之罪的防控。如只以预防作为惩罚的导向，那么为了威慑犯罪，司法机关就可随意抓一只替罪羊顶罪，以树立司法机关凡案必破、法网严密的光辉形象，威慑普罗大众。但是，这显然违反了无罪不罚这个最基本的常识。

因果关系涉及的是已经发生的危害行为与结果之间的关系，因此评判它的依据自然也是报应。只有那些严重伤害人们正义情感的行为，才可认为它与危害结果存在法律上的因果关系，绝对不能因为预防的需要来设定因果关系。

比如，劫匪劫持人质，某警察出于恶意将人质击毙，虽然劫匪的劫持行为与人质之死有一定关系，但人质之死主要与警察有关。如果为了警告将来的劫犯，防止绑架案件的出现，而让劫匪对人质的死亡结果承担责任。这明显是不公平的。

报应是社会公众一种朴素的正义观，当多种原因交织一起，只有那些在人类经验法则上，极有可能引起危害结果的原因才具有刑法上的意义。根据我们的朴素情感，如果一个行为独立导致了结果发生，那就应该认为是此行为导致了结果，而不能无限地追溯到先前条件，鸡生蛋蛋生鸡无穷匮也。

张三叫李四来吃饭，结果李四路上遭遇车祸。在经验法则中，李四是被车撞死的，而不是被张三杀害的，因此张三的邀请与李四的死亡充其量只有事实上的因果关系，而不存在法律上的因果关系。事实上，任何一个张三遇到这类情形也只会感到愧疚，但不会愧疚到去公安机关投案自首的程度。

回顾刚才那几起案件，其实都是一种经验判断，看这种经验事实发生的概率高低。如果概率很高，比如超载导致桥梁垮塌概率很高，而且不违背科学法则，也不违背人类的经验总和，所以具备因果关系。

又如前述交通肇事案中超速行驶的张三，如果超速与导致死亡的结果是高概率事件，不违背人类的经验总和，当然就存在因果关系。再如拒绝救火案，当时火势非常之大，甲、乙能够救出丁的可能性很低，在这种情况下，货车司机与甲、乙斗殴这种貌似的耽误行为对丁的死亡就没有因果关系。

因果关系很难判断，但是不能因此抛弃因果关系的认定，让"罪与非罪"成为纯粹的运气。我曾经遇到一个案件，一个非常优秀的学生被控某种与道德罪过没有任何关系的犯罪，其实很多人都做过类似的事情，很多地方也不认为是犯罪。只是因为他运气不好，被控犯罪。他很难接受与理解，我告诉他一段斯多葛学派（Stoicism）的话，希望能够安慰他："在恶劣和不义的人群中生活，要懂得认命。

最坚固的良善必须建立在全然的漠视上面,并且认为这世上的一切都是虚幻无常的。"但是我内心知道,如果定罪量刑完全取决于命运的安排,这多多少少是对我专业的嘲讽。刑法理论是有价值的,我始终把正义放在洞穴以外的理念世界,容忍洞穴之内现象界的一切荒诞与不义,这种不义也可以看成是一种有瑕疵的正义。

因果关系就是一种经验判断,因果关系不能假设,因为因果关系是客观的,我们不能无视客观规律去任意回溯过往,创造一个不可能存在的因果关系,但是因果关系似乎又必须要进行假设,因为因果关系在本质上是一种经验判断,它不是一个绝对完美的判断,只是一种经验上的把握。

五、所有的讨论都是以偏概全

每次和人介绍我是湖南人,他们本能的反应就是不可能。因为你的身高不像湖南人,你的口音也没有"呋喃"腔。这就属于过于匆忙的普遍化,也就是以偏概全,我们认识到的经验总是有限的。从逻辑上来说,只要不是数学运算,任何问题的讨论都是以偏概全。其实数学运算也只是一种循环论证,一加一等二,这只是从已知得到已知,两个一加起来本来就是二,二也可以拆成两个一,数学运算无法从未知推导出已知。

人类的逻辑思维,无论是归纳法还是演绎法都天然具有短板,都只是以偏概全的一种方式。

归纳法自然是经验的归纳,但人类的经验是有限的。太阳每天从东边升起,我们都曾经深信不疑,因为这符合我们每天的观察。

后来发现是地球围绕太阳转，有升有落的是地球，而不是太阳。

演绎法同样不稳定。大学时上逻辑课，老师给我们讲演绎逻辑，经典的例子是所有人都会死，苏格拉底是人，所以苏格拉底也会死。但是，你见证过所有人的死亡吗？难道人工智能不可能让人长生不老吗？那吃了唐僧肉肯定可以长生不老吧？你笑说那是迷信，又怎么确信自己不是迷之自信呢？所以，"人都会死"这个大前提其实是通过经验归纳出来的，而归纳法一定有短板。

既然所有的讨论都是以偏概全，那么我们就应该欣然接受以偏概全的思维吗？这就像每个人都无法做到彻底真实，说人虚伪总是符合逻辑的，但是我们就应该欣然接受虚伪的人生观吗？这显然是错误的，人类的有限性体现为我们主要是靠或然性生活，我们很难完全依靠必然性生活。张三和李四结婚时，相信会白头偕老，但这种相信只是一种或然，而非必然，如果李四要求张三必须证明，那张三恐怕到白头了也证明不了。所以，关键是看概率的大小，如果是大概率，这种偏就偏得不多，如果是小概率，那这种偏就偏得有点多。虽然从绝对角度出发，所有没有达到绝对值的概率好像都有点偏。

法律人有时喜欢用数据说话，就是为了从概率上获得一种或然性的认识，避免太过以偏概全。比如，很多人一提起犯罪，可能就是杀人放火，或者贪污贿赂。这其实并不符合统计数据。2023年最高人民法院工作报告，披露5年来判处罪犯776.1万人，其中依法审结涉黑涉恶案件3.9万件26.1万人，占比3.36%；审结故意杀人、强奸、抢劫、绑架、放火、爆炸等严重暴力犯罪案件23.8万件27.4万人，占比3.53%；审结毒品犯罪案件34.7万件44.2万人，占比5.7%；审结贪污贿赂等职务犯罪案件11.9万件13.9万人，行贿犯罪案件 1.2 万件 1.3 万人，行受贿合计占比 1.96%。我国刑事犯罪案件、严重暴力犯罪案件总体呈持续下降态势。[1]

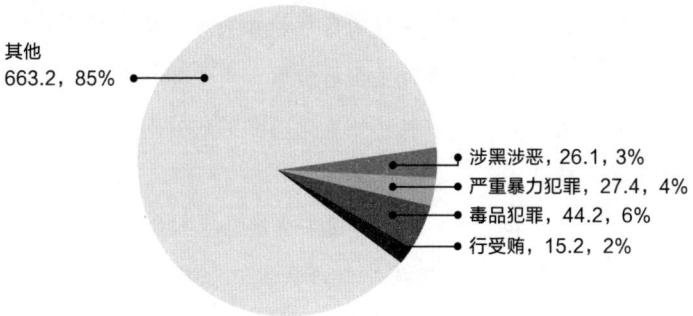

图 7：2018 年—2022 年全国审结一审刑事案件涉案人数（万人）
（数据来源：《最高人民法院工作报告（全文）》）

当然你也可以说一切都是以偏概全，我拒绝倾听，我只听我喜欢的结论。但公平适用所有人的法律，不能拒绝倾听。

总之，人类的有限性让我们所有的认识都或多或少有缺陷，我们都是在偏见中成长，人类所有的见识都有偏颇的成分。公共讨论的意义，就是让我们在对立的立场中纠正自己的偏见，至少对我而言，倾听比言说可能更重要。

想一想

牙医张三为患者实施了一次在全麻醉的情况下拔除

---

1 《最高人民法院工作报告（全文）》，载最高人民法院网 2023 年 3 月 8 日，https://www.court.gov.cn/zixun-xiangqing-391381.html。

其两颗白齿的手术，结果导致患者在麻醉的过程中因心脏衰竭而死亡。患者在手术前曾告知张三自己的心脏有些问题，但张三并未按医疗规章的要求请内科医生对患者实施检查。事后证明，常规的内科检查其实无法发现患者的心脏疾病；但如果进行了内科检查，由于该检查必然需要耗费一定的时间，故起码可以使患者的死亡向后推迟数小时甚至数日。

张三和患者的死亡有因果关系吗？

另外一个问题是，李四被张三强暴，数日后跳楼自杀，张三和李四的死亡有因果关系吗？

对向犯：既可同罪同罚，又可异罪异罚

2023年4月7日，江苏省徐州市中级人民法院对"丰县生育八孩女子"事件相关案件一审宣判，认定董某民犯虐待罪，判处有期徒刑六年六个月，犯非法拘禁罪，判处有期徒刑三年，数罪并罚，决定执行有期徒刑九年；认定被告人时某忠、桑某妞、谭某庆、霍某渠、霍某得犯拐卖妇女罪，分别判处有期徒刑十一年、十年、十三年、八年六个月和八年，并处罚金。庭审中，被告人董某民、时某忠、桑某妞、霍某渠、霍某得表示认罪、悔罪。[1]

董某民收买被拐卖妇女的行为没有被追究，理由是已经过了追诉时效。收买被拐卖妇女罪的最高刑是三年有期徒刑，追诉时效是五年。但形成鲜明对比的是拐卖妇女、儿童罪，基本刑是五年以上十年以下，加重刑可达无期徒刑，甚至死刑，因此其追诉时效至少是十五年，甚至终身。刑法规定，法定最高刑为十年以上有期徒刑的，追诉时效为十五年；法定最高刑为无期徒刑、死刑的，追诉时

---

[1] 段羡菊、朱国亮：《"丰县生育八孩女子"事件相关案件一审宣判：董某民获刑九年》，载新华网，http://www.news.cn/legal/2023-04/07/c_1129501525.htm。

效为二十年。如果二十年以后认为必须追诉的,则须报请最高人民检察院核准。在本案中,拐卖犯罪发生在1998年,到2022年案发时,已经过了二十年追诉时效期限。所以,相关拐卖犯罪的被告人经最高人民检察院核准,对其犯罪行为进行追诉。

这个案件,再次让人思考买卖人口犯罪的同罪同罚问题。

一、何谓对向犯

"对向犯"又被称为对合犯,也就是双方结对子,有A就有B,有B必有A,是指以存在两人以上相互对向的行为为要件的犯罪,如受贿罪与行贿罪。没有受贿就没有行贿,没有行贿也不可能有受贿。对向犯有两种:一是共同对向犯,二是片面对向犯。共同对向犯(如买卖枪支罪)所对向的双方都被刑法规定为犯罪,片面对向犯只惩罚一方,不能把所对向的另一方视为共犯。

为什么会有片面对向犯呢?理由可能有两个。

一是自损行为,自己伤害自己一般不是犯罪,但是利用他人的自损行为获利就比较恶劣。比如,销售伪劣产品罪构成犯罪,但是自愿购买伪劣产品的行为本身并非犯罪,因为购买人出于意志自由自愿处分财物。同理,卖淫和吸毒不是犯罪,但是组织卖淫和贩卖毒品都是犯罪,理由在于卖淫者和吸毒者的自损意愿。但是对他人自损行为的剥削和利用,是对人的一种物化行为,发动刑罚权是合理的。

还有一个原因就是法不责众。比如,买卖增值税专用发票,无论是卖方还是买方都构成犯罪;但是对于普通发票,刑法只惩罚卖方,不惩罚买方。这主要是考虑到买方的社会危害性较小,毕竟购买增值税专用发票的人不多,但购买普通发票的人却大有人在,法不责众。

买卖人口是共同对向犯,还是片面对向犯呢?

其实,在人类漫长的历史场合中,这种犯罪主要是片面对合,而非共同对合,也许也是受法不责众思想的影响吧。

二、收买被拐卖妇女、儿童入罪的历史

一切历史都是当代史,1979年刑法对于拐卖犯罪,只有两个条文:一是第141条的拐卖人口罪——拐卖人口的,处五年以下有期徒刑;情节严重的,处五年以上有期徒刑。二是第184条的拐骗儿童罪——拐骗不满14岁的男、女,脱离家庭或者监护人的,处五年以下有期徒刑或者拘役。1983年全国人大常委会通过《关于严惩严重危害社会治安的犯罪分子的决定》,对于严重危害社会治安的犯罪分子可以在刑法规定的最高刑以上处刑,直至判处死刑,其中也包括拐卖人口罪。经过严打之后,拐卖犯罪有所遏制。但是随后又触底反弹、犯罪飙升。[1] 20世纪90年代初,拐卖人口犯罪非常猖獗。

在这种背景下,1991年全国人大常委会通过《关于严惩拐卖、

---

1 1985年这类犯罪被控制到最低限度,但1986年开始反弹,1987年,全国逮捕的拐卖人口犯罪分子比较1986年上升46%。1988年至1990年继续上升。刘伟:《人之殇:全景透视下的拐卖人口犯罪》,山东人民出版社2017年版,第22页;刘宪权主编:《打击拐卖人口犯罪的法律对策》,上海人民出版社2003年版,第19页。

绑架妇女、儿童的犯罪分子的决定》（下简称《拐卖决定》）。为了突出对妇女、儿童的保护，在拐卖人口罪之外增加了拐卖妇女、儿童罪，并将法定刑提高到五年以上十年以下有期徒刑，对于六种加重情节处十年以上有期徒刑或者无期徒刑，情节特别严重的处死刑。该决定首次增加了收买型犯罪，收买被拐卖、绑架的妇女、儿童的，处三年以下有期徒刑、拘役或者管制。为了避免打击过猛，《拐卖决定》规定了免责条款——收买被拐卖、绑架的妇女、儿童，按照被买妇女的意愿，不阻碍其返回原居住地的，对被买儿童没有虐待行为，不阻碍对其进行解救的，可以不追究刑事责任。1997年刑法保留了《拐卖决定》关于收买被拐卖妇女、儿童罪的规定。

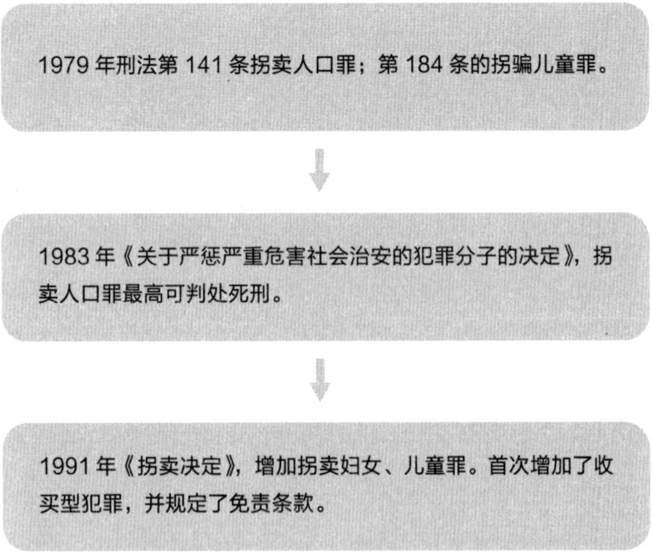

1979年刑法第141条拐卖人口罪；第184条的拐骗儿童罪。

⬇

1983年《关于严惩严重危害社会治安的犯罪分子的决定》，拐卖人口罪最高可判处死刑。

⬇

1991年《拐卖决定》，增加拐卖妇女、儿童罪。首次增加了收买型犯罪，并规定了免责条款。

图8：收买被拐卖妇女、儿童入罪的历史演变

收买被拐卖妇女、儿童入罪的历史其实很短暂。1991年《拐卖决定》至今不过三十多年的历史。在中国历史上，最早制度性地彻底禁绝人口买卖是清末修律，迄今也不过百余年。[1]站在历史的角度，一切的立法缺陷都可以被理解，只是对于每个个体，历史的宏大叙事也许都是个人的不可承受之重。

《拐卖决定》是为了应对当时拐卖妇女、儿童犯罪突增的现象。因此，法律的重心是打击卖方，而对买方则网开一面。《拐卖决定》一方面将买方规定为犯罪，试图威慑买方市场，传递收买有罪的信号；另一方面又害怕对买方打击过猛导致解救被拐妇女、儿童的难度增大，所以《拐卖决定》规定了免责条款。只能说这是一个权衡利弊之下的无奈之举。

由于免责条款的存在，对于收买方的打击力度过于轻缓，很长一段时间，大多数收买被拐卖妇女、儿童的行为都没有被追究刑事责任，以至于民众误认为拐卖有罪，收买无罪，这无疑助长了拐卖妇女、儿童犯罪的蔓延。[2]

2010年最高人民法院、最高人民检察院、公安部、司法部发布

---

[1] 1906年，年近古稀的沈家本力排众议，在《禁革买卖人口变通旧例议》中奏请："永禁买卖人口，买者卖者均照违律治罪"，试图根除历朝历代人口买卖的恶习，取缔奴婢制度，对标国际潮流。1909年，清宣统元年出台《禁革买卖人口条例》，明确买卖罪名宜酌定。次年，沈家本编修《大清现行刑律》时，将上述条例十一项办法悉数纳入律条之中，彻底废除奴婢制度，加大对买方的打击力度，同时还增加了父母鬻卖子女的处罚。黄源盛：《晚清民国禁革人口买卖再探》，载《法治现代化研究》2017年第2期，第79—80页。

[2] 周峰等：《〈关于依法惩治拐卖妇女儿童犯罪的意见〉的理解与适用》，载《人民司法》2010年第9期。

的《关于依法惩治拐卖妇女儿童犯罪的意见》(下简称《惩治拐卖意见》)加大了对买方市场的打击力度,对免责条款也进行了一定的司法限定,认为"可以不追究"不等于"一律或者必须不追究"。[1] 但是,司法的修补无济于事。无论如何限定免责条款的适用,都无助于加大对买主的打击力度。《惩治拐卖意见》施行以来,对买主实际追究刑事责任的案件数量并没有明显上升,加大对买方市场打击力度的政策目标未能实现。[2] 当立法出现了巨大的漏洞,想要通过司法手段进行修复,这几乎是一个不可能完成的任务。

因此,2015年刑法修正案(九)将免责条款修改为从宽条款,收买人口犯罪才成为真正的共同对向犯。

三、共同对向犯

在共同对向犯的情况下,所对向的双方刑罚基本上是相似的,买枪和卖枪同罪同罚,出售假币和购买假币同罪同罚,行贿和受贿刑罚相差无几,很少有哪种共同对向犯的刑罚像买人和卖人一样失衡,它的法理在逻辑上难以得到说明。被拐卖的妇女、儿童并未自愿同意卖身为奴,这无法适用自损行为的理论。

刑法第240条拐卖妇女、儿童罪的基本刑是五年以上十年以下

---

[1] 陈国庆等:《〈关于依法惩治拐卖妇女儿童犯罪的意见〉解读》,载《人民检察》2010年第9期。
[2] 赵俊甫、孟庆甜:《关于修改〈刑法〉收买被拐卖妇女儿童罪相关条款的思考》,载《公安研究》2014年第2期。

有期徒刑，有八种加重情节可以判处十年以上有期徒刑或者无期徒刑，甚至死刑。刑法第241条第1款收买被拐卖的妇女、儿童罪的最高刑却只有三年有期徒刑。虽然，刑法第241条其他条款规定了数罪并罚条款。但是，无论在逻辑上还是经验上，较之卖方，买方所受的刑罚评价要轻得多。

从逻辑上来看，收买被拐卖儿童的刑罚偏低。收买被拐卖的儿童，一般不会伴随非法拘禁、虐待、强奸等重罪。无论收买者是否悉心照顾被拐儿童，都会对被害人家庭带来摧毁性的打击。然而，拐卖儿童的基本刑是五年以上十年以下，但收买被拐卖儿童则最高只能判三年有期徒刑。

从司法实践的经验来看，收买被拐卖妇女刑罚整体偏轻。相关数据显示，实践中收买被拐卖的妇女罪量刑较轻。总体而言，数罪并罚的案件并不占主体，绝大部分案件仅判决构成收买被拐卖的妇女罪，相当多的被告被适用缓刑。[1]

---

[1] 对中国裁判文书网上的相关案例进行统计，以刑事案件为案件类型，以收买被拐卖的妇女、儿童罪为案由，选定相关刑事判决书为文书类型，共检索到2011年至2022年3月8日裁判文书610篇，剔除实际不相干、重复相同以及涉及未成年人犯罪保密的判决书后，共获取到有效文书样本531件。在531篇有效判决文书中，被认定为数罪并罚的案例数量仅有24个，占总数的4.52%；适用缓刑的案件数量达到419个，占总案件数量的78.91%；被判处一年以下有期徒刑（包括一年有期徒刑）的案件数量占比最高，达到61.78%，此外，还有大量的案件被判处拘役或者免予刑事处罚。转引自杨蕴智、张广超：《收买被拐卖妇女、儿童的刑罚配置及其有效治理》，载《江西科技师范大学学报》2023年第1期，第51页。

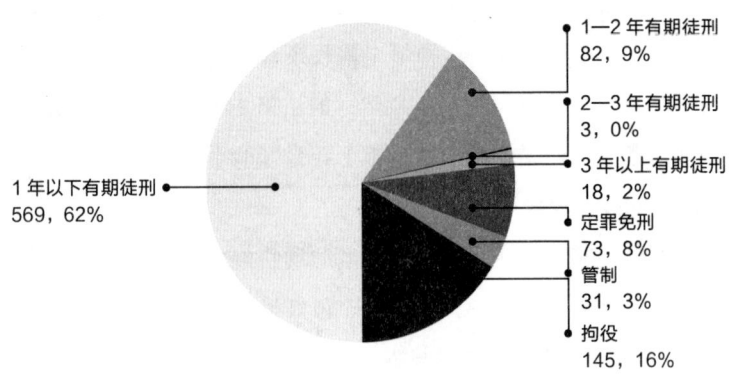

图9：2011—2022.3.8 收买被拐卖妇女罪量刑情况（人）

在"丰县生育八孩女子"事件中，虽然适用了相对较重的刑罚，但是却并未追究被告人强奸罪的责任。

即便严格贯彻刑法第241条数罪并罚的规定，依然无法和第240条情节加重犯的刑罚相比。比如，拐卖过程中强奸妇女，可以判处十年以上有期徒刑或者无期徒刑，甚至死刑。但收买被拐卖妇女又强奸的，可能连拐卖妇女罪加重情节的起点刑都达不到，甚至可能被判缓刑。

在逻辑上，共同对向犯可以分为同罪同刑、同罪异刑、异罪同刑和异罪异刑四种现象。同罪同刑的现象比较常见，如重婚罪、非法买卖枪支罪；同罪异刑在德日刑法中存在，但在我国没有。[1]

异罪同刑的现象主要出现在选择性罪名中，比如出售假币罪和购买假币罪。刑法第171条规定了出售、购买、运输假币罪，这种

---

[1] 比如，德国《刑法》第173条规定的乱伦罪，尊亲属与卑亲属乱伦，适用相同罪名，但刑罚不一样。

选择性罪名可以看成一个大的罪名,将其视为同罪同刑的现象也无不可。异罪异刑的范例就是拐卖妇女、儿童罪和收买被拐卖、妇女、儿童罪。总之,我国刑法中的共同对向犯大致可以分为同罪同刑和异罪异刑两种类型,同罪同刑,由于所对向的双方适用相同罪名相同刑罚,没有讨论必要。异罪异刑的现象才值得重点关注。

异罪异刑的对向犯,我国刑法中主要有三类[1]:一是贿赂犯罪中受贿与行贿的对向关系(见图10);二是渎职犯罪中的对向关系(见图11);三是其他犯罪中的对向关系(见图12)。[2]

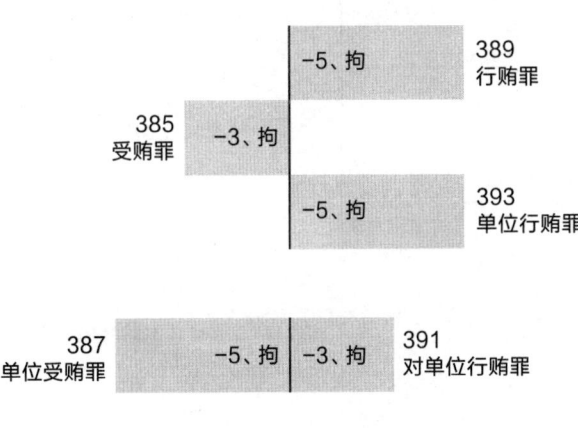

图10:贿赂犯罪中受贿与行贿的对向

1　参见陈志军:《对向犯研究》,载赵秉志主编:《刑法论丛》(第33卷),法律出版社2013年版,第212—213页。
2　为了节约篇幅,本章节图中刑法第389条用"389"代替,五年以下有期徒刑用"-5"代替,五年以上用"5+"代替,拘役用"拘"代替,管制用"管"代替,单处剥夺政治权利用"剥"代替,附加刑不统计。

388之一
利用影响力受贿罪　-3、拘 | -3、拘　391之一
对有影响力的人行贿罪

163
非国家工作人员受贿罪　-3、拘 | -3、拘　164
对非国家工作人员行贿罪

图10：贿赂犯罪中受贿与行贿的对向（续）

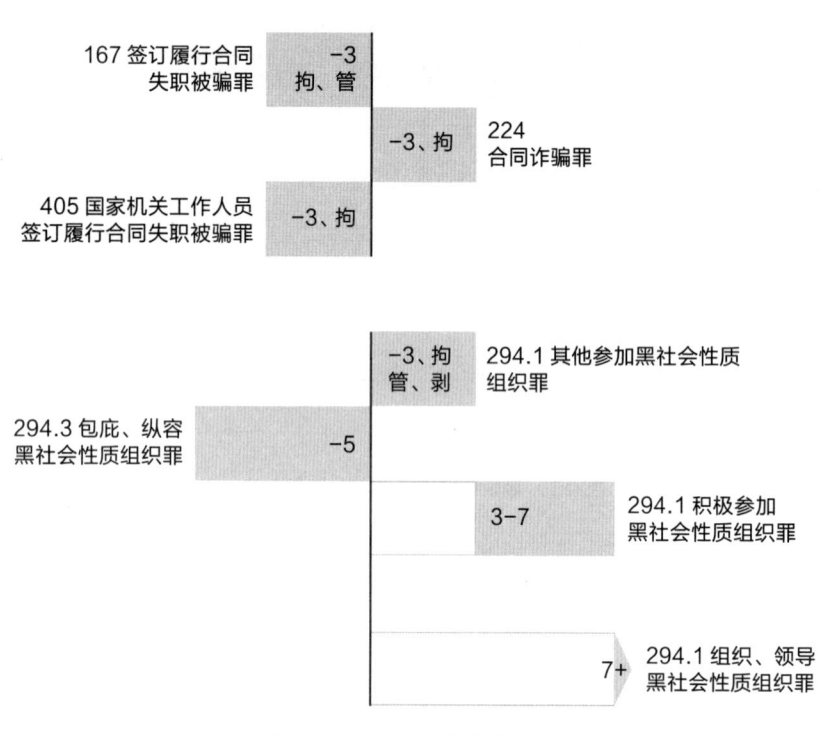

167 签订履行合同
失职被骗罪　-3、拘、管

-3、拘　224
合同诈骗罪

405 国家机关工作人员
签订履行合同失职被骗罪　-3、拘

-3、拘、管、剥　294.1 其他参加黑社会性质组织罪

294.3 包庇、纵容黑社会性质组织罪　-5

3-7　294.1 积极参加黑社会性质组织罪

7+　294.1 组织、领导黑社会性质组织罪

图11：渎职犯罪中的对向关系

146

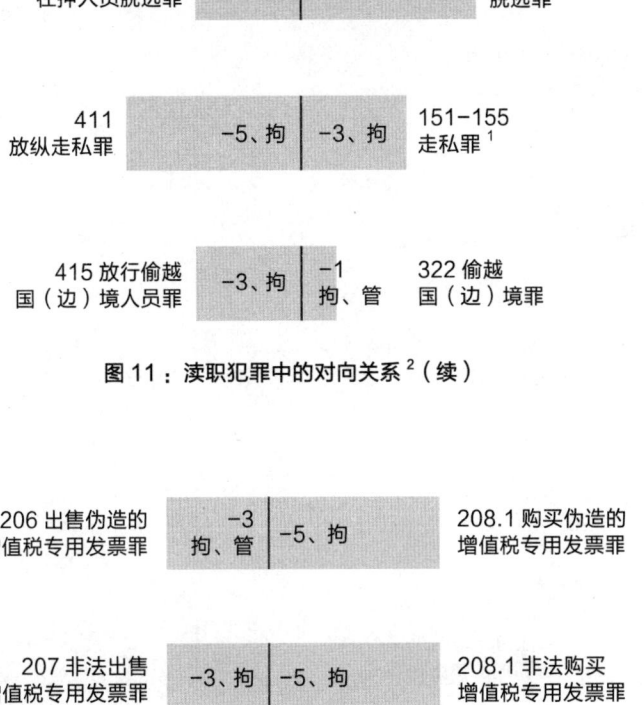

图 11：渎职犯罪中的对向关系[2]（续）

图 12：其他犯罪中的对向关系

1　走私罪为类罪名，其中包括多种走私犯罪。
2　渎职犯罪的对向犯在学界有一定争议，如私放在押人员罪和脱逃罪，表面上属于共同对向犯，但是从期待可能性理论考虑，脱逃者一般不宜追究刑事责任，那么这就属于片面对向犯。

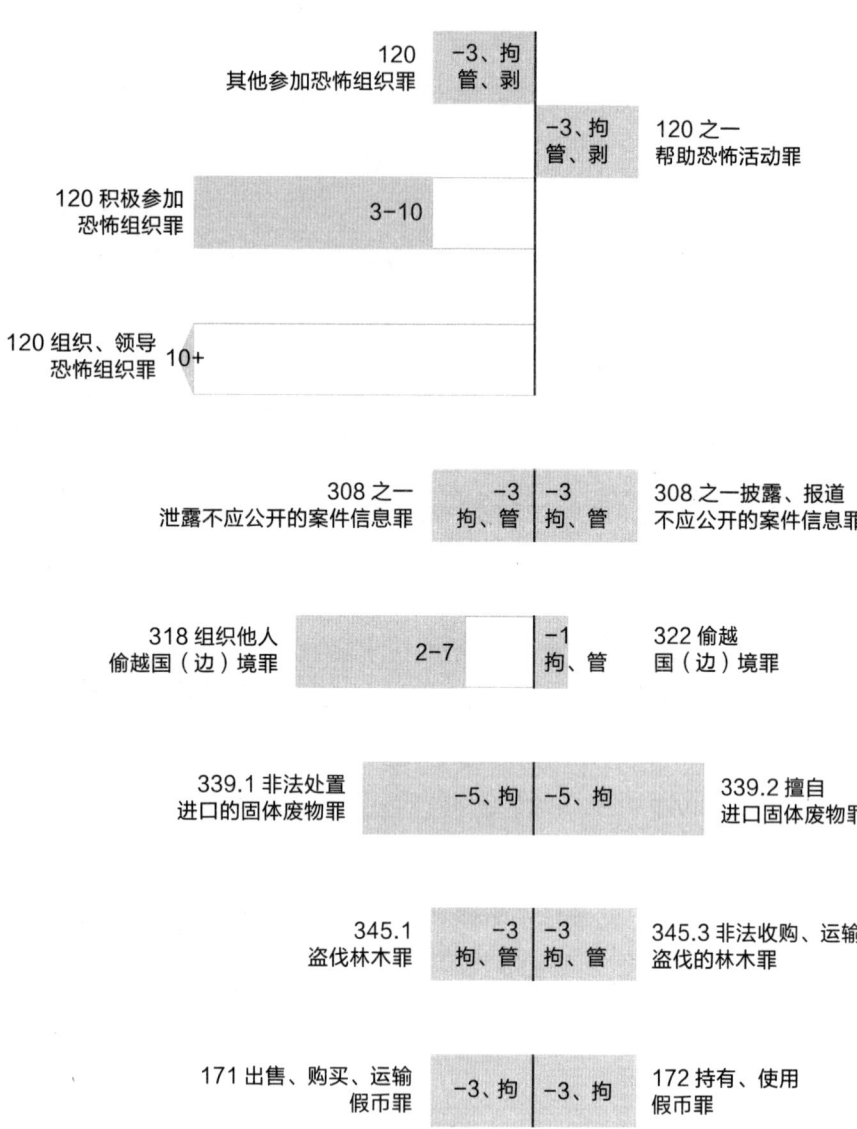

图 12：其他犯罪中的对向关系（续）

在异罪异刑的对向犯中,所对向的双方很少像拐卖妇女、儿童罪(5—10)和收买被拐卖妇女、儿童罪(一3、拘、管)这样,基本刑相差过于悬殊。

图13:拐卖和收买妇女、儿童罪中的对向关系

可能还有一组罪名要说明一下,那就是组织他人偷越国(边)境罪和偷越国(边)境罪,前者的基本刑是二年以上七年以下有期徒刑,而后者的基本刑是一年以下有期徒刑、拘役或者管制。无论在基本刑还是最高刑方面,两罪的刑罚都相差较大。然而,偷越国(边)境大多只是一种自损行为,并没有直接或间接侵犯他人的权利。它所侵犯的只是一种行政管理秩序,这种道德中性的行为本不应该作为法定犯论处,行政处罚就足够。[1] 但是,组织他人偷越国(边)境的蛇头行为则是对他人自损行为的严重剥削,类似组织卖淫行为,同时也严重危及了他人人身、财产安全,规定为重罪是合理的。换言之,这组犯罪本应属于片面对向犯,而非共同对向犯。偷越国(边)境完全不同于收买被拐卖妇女、儿童的行为,后者是自然犯,具有明显的反道德性,侵犯了妇女、儿童的人身权利。

在共同对向犯中,很难找到像拐卖妇女、儿童与收买妇女、儿童这样刑罚失衡的例子。个中原因,令人费解。在1979年刑法中,

---

1 如果偷越国边境是为了从事恐怖活动,当然另当别论,事实上,刑法修正案(九)对此增加了规定,最高可判三年有期徒刑。

拐卖妇女、儿童属于拐卖人口罪的特殊现象，它原本属于片面对向犯，收买方不构成犯罪。1991年《拐卖决定》将其修改为共同对向犯，但是基于当时的打拐背景，为了加大对卖方的打击力度，避免在解救被拐卖的妇女、儿童时遭遇太大阻力，所以买方的刑罚明显偏低。同时，由于免责条款的存在，拐卖犯罪成为事实上的片面对向犯。虽然2015年刑法修正案（九）将免责条款修改为从宽条款，此罪变为了真正的共同对向犯。但是，和其他的共同对向犯相比，对向双方刑罚明显失衡，很难找到合理的解释。

总之，拐卖妇女、儿童罪与收买被拐卖的妇女、儿童罪的刑罚严重失衡，与共同对向犯的理论很难兼容，实有调整之必要。

四、人与物的比较

正是因为立法的仓促，没有通盘考虑法条之间的逻辑关系，以致现行刑法出现大量体系性漏洞，其中一个重要的缺陷就是对人的保护力度还不如物。单纯收买被拐卖妇女、儿童，最高只能判三年有期徒刑。与动物相比，同样是收买行为，刑法第341条第1款规定的危害珍贵、濒危野生动物罪，买卖同罪同刑，卖或买二级保护动物，均构成犯罪，基本刑是五年以下有期徒刑或者拘役。有时收购一只一级保护动物或动物制品就属于情节特别严重，可判十年以上有期徒刑。

与植物相比，刑法对妇女儿童的保护力度也偏低。刑法第344条规定了危害国家重点保护植物罪，无论是出售，还是购买重点保护植物或植物制品，买卖同罪同刑，最高可判七年有期徒刑。

与赃物相比，亦是如此。同样是犯罪所得，如果收买赃物，构成刑法第312条的掩饰、隐瞒犯罪所得、犯罪所得收益罪，基本刑是三年以下有期徒刑、拘役或者管制；情节严重的，处三年以上七年以下有期徒刑。但如果犯罪所得不是物，而是被拐的妇女、儿童，收买者的刑罚最高仅有三年有期徒刑。买具尸体配阴婚有可能构成掩饰隐瞒犯罪活动罪，最高可判七年，但是买个活人当老婆，最高却只能判三年，怎么都有点说不过去。

虽然刑法第241条第2款到第4款有数罪并罚的规定，收买被拐卖的妇女、儿童又实施非法拘禁、强奸等罪的，应当数罪并罚。但是，实施危害珍贵、濒危野生动物等罪后又实施其他犯罪，比如收购大熊猫后走私的，购买赃物后诈骗的，同样可以数罪并罚。因此，从表面的观感来看，法律很难摆脱人不如物的指责。

孙某、符某被拐案曾经引起民众广泛关注，吴某偷走两个孩子十四年，最后却只判五年。根据刑法规定，如果不是偷孩子去卖，而是自己收养或者送人，只能构成拐骗儿童罪，最高刑就是五年有期徒刑。但如果偷只50万的狗去养，这却构成盗窃数额特别巨大，要判十年以上有期徒刑。法律对物权的保护似乎高于对人权的保护。

当然，法律也在缓慢地变化。我国的刑法曾经规定盗窃罪可以判处死刑，2011年刑法修正案（八）才取消了盗窃罪的死刑规定。法律修改的原因就是要提倡人高于物的理念——无论多么珍贵的财产，都不能和人的生命相比。1997年刑法颁布之前，猎捕珍贵野生动物也可以判死刑。但是，1997年刑法取消了危害珍贵、濒危野生动物罪的死刑规定。这背后的精神就是人高于物。熊猫是国宝，但人是无价之宝，无论多么卑微的人都高于一切财与物。

五、同罪同罚，还是异罪异罚

值得注意的是，最近几次的刑法修正案，立法者将片面对向犯升格为共同对向犯，刑罚基本上保持平衡。比如2015年刑法修正案（九）规定的买卖身份证件罪，以前的罪名是伪造居民身份证罪，只惩罚伪造者，购买者一般不惩罚，但立法者对此进行了改动，认为买卖应该同罪同罚，还有一个例子是对有影响力的人行贿罪，2009年刑法修正案（七）规定了利用影响力受贿罪，但是没有将行贿方规定为犯罪。张三为了孩子上学，找到教育局局长的小三，给了小三30万，让小三美言几句。小三构成利用影响力受贿罪，但是张三不构成犯罪。然而，2015年刑法修正案（九）将行贿方也规定为犯罪，增加了对有影响力的人行贿罪。受贿方和行贿方，虽然罪名不同，但是刑罚大体相同。

法律的变化并非一朝一夕之事，从1991年将收买人口规定为犯罪，到2015年将该罪变为真正意义上的共同对向犯，法律在一点一滴地进步。那么时至今日，拐卖妇女、儿童罪与收买被拐卖的妇女、儿童罪的刑罚失衡现象是否已经到了立法者可以进行彻底纠正的时候呢？

同罪同罚，还是异罪异罚？法律没有最优解，只是避免最坏的选择。

想一想

你知道有多少种动物是不能随便买的吗？

生命：人可以被杀死，但又无法被杀死

生命权是最重要的法益。刑法学界没有争议地认为，故意杀人罪侵犯的是"生命权"。但是死亡是对生命权的损害吗？我们会理所当然地表示认可。但常识马上提醒我们，一个人要遭受损害，他必须是存在的。而当一个人死亡，他就已经不复存在。所以也有人认为，死亡并非损害。这正如古老的伊壁鸠鲁学派（Epicureanism）所说的"人若在即无死亡；死亡即人已不在。"死亡对于任何死去的人来说都不是一种恶，因此没有什么好害怕和后悔的。[1] 但这种结论似乎很难让人接受。

一、生命主体难题

谁有生命权？活人。

死人有没有生命权？没有。

---

[1] [美] 乔尔·范伯格：《刑法的道德界限》（第三卷），方泉译，商务印书馆2013年版，第85—86页。

也就是说，只有在人存活的时候才有生命权，当人死亡的时候也就没有生命权。从有生命权到没有生命权，在生死之间的那个点好像是无法达到的。当我们说侵犯生命权，说明这个人还活着；当这个人死了，就没有生命权了，也就谈不上对他权利的侵犯了。

为什么说生死之间的这个点永远无法达到呢？你可以说在被害人死亡前1秒钟，他的生命权遭受了威胁。一旦达到死亡，死人没有生命权，那就谈不上侵犯了生命权。如果没有达到，那么人还活着，自然有生命权，那就没有把人杀死。

想象这样一个场景：张三杀了人。辩护律师说："只有活人有生命权，死人没有生命权，因此人是杀不死的，所以我的当事人张三不构成故意杀人罪的既遂，只构成故意杀人罪的未遂，按照法律规定，可以从轻或减轻处罚。"

法官估计当时听了首先会发蒙，进而非常愤怒，让律师滚出去。

大家不要觉得这是诡辩，这是法律中重要的"主体难题"。刑法学界经常讨论"死者有没有财产占有权"也是相似的问题。张三把李四杀了，杀完后发现李四手上戴着一块昂贵的手表，张三把手表拿走了。这是盗窃还是侵占呢？如果认为死者有占有权，那就是盗窃；如果认为死者没有占有权，那就是捡，可能构成侵占罪。

刑法学界的通说采取折中说，认为如果死亡时间较短，比如，在上述案件中，李四刚刚死亡，那么推定死者还是有占有权，构成盗窃。如果认为死亡时间较长，比如李四的尸体在荒郊野外躺了十天，王五把手表摘走了，那就是捡，构成侵占罪。

但是有人问，盗墓难道也是捡？

张三夜间在山上散步，听到有歌声，左右环顾发现没人。仔细一听，发现歌声从坟墓中传来，他直接把墓挖了，发现是墓主手上手机的铃声。张三拿过电话，对打电话的人说，"别打了，人已经死了"。这是偷，还是捡？

估计没有人认为这是捡吧。但是，这肯定还是会遇到刚才的主体难题。如果是偷，那就认为死者有占有权，但死者已经死亡，都下葬了啊？

也许你会说，这些丧葬物可以归死者的家属占有。这倒是一个解决方案，但如果没有家属呢？人类总是擅长将简单问题搞得越来越复杂。

二、何谓生命权

从我们的常识来看，杀人肯定是侵犯了他人的生命权。

我们先搁置主体难题问题，姑且肯定这种常识是对的。那什么是生命权？

一种回答是，生命权是一种生存利益，杀人侵犯了人的生存利益，尽管这个人已经不复存在，但是死亡终止了他所有的梦想、眷恋和期待。李四刚刚哈佛毕业，准备回国创业，有着远大的理想和蓝图。但是，只是因为李四在大街上瞅了张三一眼，张三非常生气，觉得自己被凝视了，说："你瞅啥瞅？"李四说："大哥我没有瞅你，只是觉得你脸上那个文身很特别。"张三在额头上刺了一个"王"字，因为他是属虎的。张三大发虎威，把李四打死了。死亡终结了李四所有的梦想和愿景。

所以有学者说，生命权就是一种生存利益，死亡终结了这种生存利益，"人的生存利益就是指属于我们，能够通过姓名加以识别的个人利益。他在这一刻确实死了,但这并不能阻止我们以现在时态提及他的利益,只要这些利益还可能被阻碍或得以实现,正如我们可以提及他尚未履行的债权债务,只要它们还能够被履行。也就是说每个人的"人生之书"即使在他死后的一段时间内也并不会完全合上。[1]

三、死者有权利吗?

如果死亡只是对生者生存利益的终结,那就意味着死亡本身不是一种损害,至少它对死者没有损害,这好像又回到了"主体难题"那个老问题。

这里我想请大家再思考一个问题,死者有权利吗?比如,有人侮辱死者,这种行为违法吗?根据民法典第994条,死者的隐私受到侵害的,其配偶、子女、父母或者其他近亲属有权依法请求行为人承担民事责任。

从这则法条我们可以看出,死者的权利似乎是属于遗属的。张三侮辱死者,其实是在损害死者的家人。毕竟,死者的家人无法脱离死者的人生之书,即便这本书合上了,活着的人还是会时不时回到这本书中。

刑法中有一个罪名叫作"盗窃、侮辱尸体、尸骨、骨灰罪"。

我讲过两起侮辱尸体罪的案例。一个是割头上访案,一个是水

---

[1] [美]乔尔·范伯格:《刑法的道德界限》(第三卷),方泉译,商务印书馆2013年版,第85—86页。

葬母亲案。

张三的孩子被杀,当地公安没有立案,张三非常生气,准备进京上访,他把孩子的人头割了下来,带到北京来上访。当时就把接访人员震惊了,这太吓人了。

另外一个相关的案件是王某侮辱尸体案,28岁的农民工王某66岁的母亲猝死出租房,拮据不堪的他,无力负担至少千元的火化费,含泪将遗体装进麻袋,沉尸"水葬"。

大家觉得在这两个案件中,行为人构成侮辱尸体罪吗?

如果认为死者没有权利,死者的权利都属于家属,也就是说侮辱尸体罪侵犯的是遗属的尊严。

但是,这并不能解释所有问题。

大家设想这样一个案件。张三从小就没有妈妈,父亲把他带大,但父亲脾气不好,经常虐待他,张三也没有任何亲戚。父亲过世之后,张三突然想起以前的伤心之事,对父亲的尸体进行鞭尸。

大家觉得这构成侮辱尸体罪吗?

如果你认为侮辱尸体罪只是侵犯了遗属的尊严,这种行为自然没有侵害张三的尊严,那不是不构成犯罪吗?

但这难道没有抵触我们的基本情感吗?这就是为什么刑法第302条规定的"侮辱尸体罪"是放在"刑法分则第六章:妨害社会管理秩序罪"中的"第一节:扰乱公共秩序罪"中的犯罪;而没有放在"刑法分则第四章:侵犯公民个人权利、民主权利罪"那一章。也就是说,立法者认为侮辱尸体罪侵犯的主要是社会利益,而非个人利益。当然,所有的社会利益终究是个人利益的汇总,必须还原为个人的利益或权利。

那大家觉得,侮辱尸体罪到底侵犯了谁的权利呢?

在我看来，尸体是人的印记，它依然反映了人的尊严。为什么在人死后要举行追悼仪式，要下葬。因为这体现的是对人的尊重。在路上我们见到动物的尸体，可能有人会视而不见，有人会把它当作"垃圾"扔到垃圾桶，也有人会把它挪到花坛里。但是看到人的尸体，你本能地会觉得尸体在那躺着不合适。因此，尸体是人生命曾经的印记，对尸体的尊重也就是对人的尊重，而对人的尊重是维持一个社会最基本的根基。

无论是割头上访案，还是水葬母亲案，都没有脱离对人的尊重，行为人的过激之举依然体现着对生者的眷顾。但是在鞭尸案中，显然是对作为人尊严的侮辱，自然构成犯罪。从这个意义上讲，死者的尊严属于家属又不完全属于家属，它属于整个人类，是人类共同尊严的体现。

可见，对死者"权利"的维护，依然是为了保护现在和将来生活在这个世界上的人。甚至对于死者生前取得的荣誉，在他死后被发现是通过虚假手段获得的，也是可以剥夺的。无论是对死者"权益"的剥夺或维护，其实都是对人类社会所维持的道德价值的维护。如果认为既然死者已经不在了，所以死者的遗嘱可以被忽略，死者的尸体可以被随意践踏，那么维持人类社会存在的根基也就会消失。

四、生存的利益

我们继续来看生存利益，认为死亡终结了活人的生存利益。其实是一个非常巧妙的回答，但是它存在两个问题。

首先，生存利益是主观的，还是客观的？对于有些人而言，活着就是一种痛苦，死亡才是终极的解脱。凶手的行为似乎满足了被害人最大的期待，符合其本人的利益。如果采取这种观点，法律体系必将崩溃。如果所有的杀人行为都以结果为导向进行个案判断，看此结果是否侵犯了被害人的主观生存利益，那么刑法对故意杀人罪的惩罚就完全取决于运气。

不知道大家有没有过这种时刻，觉得活着的每一天都是痛苦，生命没有意义。其实，我们从母亲生产的痛苦中来到这个世界，最终又会在痛苦中离开这个世界。我们这一生必然经历许多痛苦，但是如果没有痛苦作为参照系，幸福也就不再成为幸福。

如果从事后的角度判断，人生是否值得度过，也许很多人都准备起诉自己的父母，为什么要把自己带到这个世界，为什么要让自己在这个世上经历这么多痛苦。

生命本身就是一个礼物，我们来到这个世界本身就是一个礼物。我们必须演好自己的剧本，无论拿到一副什么样的起手牌，都要把它打好。

事实上，主观上的幸福感和满足感是很靠不住的东西，也存在巨大的偶然性。有时，当你的目标达成，可能没有太多喜悦，反而会产生一定忧伤和空虚。有时，当你的目标受阻，可能也不会难过，因为这正好给了你放弃的借口。甚至，主观上的满足感和幸福感也可以通过毒品的放纵来便捷地促成。王尔德在戏剧《温夫人的扇子》（*Lady Windermere's Fan*）里说：人生有两种不幸，一种是得不到自己想要的，一种是得到了自己想要的。这里说的不幸都是主观上的幸福感。

因此，生存利益必然是客观的，不取决于被害人的主观见解。法律推定每个人都有生存利益，即便是那些根本不想继续存活的人。

那么，法律为何要做出这种推定呢？这显然是尊重生命这种道德规范的命令。

其次，生存利益如果是客观的，那它是否有量的区别？从表面上看，答案是明显的。年轻人的生存利益要长于老年人，活力四射的健康人的生存利益也要长于奄奄一息的病人。

我们自己的内心是不是也这么想呢？八十岁老人过世和十岁小孩离世，哪个更让你难过呢？

但是，如果认同生存利益有量的区别，将导致刑罚适用上的矛盾。难道谋杀老年人的刑罚就一定要轻于谋杀年轻人吗？谋害健康人的刑罚就一定要重于恶意杀害垂死病患的刑罚吗？这合理吗？

它会不会触及了我们内心中某个最神圣的信念，那就是无论贫穷、富裕、健康、疾病、年轻、苍老，我们在人的本质上都应当是平等的，有权要求法律的平等对待。这种信念显然是道德规范赋予我们的。

最后，生存利益主要是一种事后判断，但这种事后是不稳定的。大家知道历史上的两个典故，"周公恐惧流言日，王莽谦恭未篡时。向使当初身便死，一生真伪复谁知？"（白居易《放言五首·其三》），周公尽心尽意辅助成王，管理国事，可是他的弟弟管叔、蔡叔却在外面造谣，称周公有野心，想要篡夺王位，甚至还造反叛乱！假如成王和召公等大臣误信了谣言，而用阴谋手段杀了周公，那在历史上，周公到底会被如何定性呢？相反，王莽在没有篡位之前，大家都觉得他是个好人。如果他在声名鼎盛的时候离世，是否会进入忠臣录呢？

柏拉图在《理想国》中让我们在两个极端中进行选择：一边是坏事做尽，但流芳百世；一边是一生行善，但臭名昭著，受尽屈辱而死。大家选哪一个呢？也许我们大多数人的选择都是在这两个极端的中间部分，或靠左，或靠右。

总之，如果根据还未展开的生存利益来判断生命权，这种事后判断并不稳定，再说，我们又怎么能知道这些生存利益就一定会展开呢？那个哈佛毕业的李四，有着远大的理想和蓝图。但只是在人群中偷偷看了张三一眼，就惨遭横祸。但是，他的生存利益就一定会按照预期展开吗？即使他的蓝图真的实现，有没有可能会让他锒铛入狱，让家人蒙羞呢？

所以，认为杀人剥夺了他人的生存利益，这个设想非常精彩，也能为主体难题提供一个很好的解决方案，但依然存在一些困惑值得大家反思。

我个人的思考是，故意杀人罪所侵犯的本质不是生命权，也不是生存利益，而是对禁止杀人这个最基本的道德命令的违反。因着这种道德规范，刑法禁止故意杀人，并将违反这种道德规范的完成形式拟制为对生命权的侵犯。生命权只是一种基于道德规范的法律拟制，从这个意义上讲，我们并没有必要从结果意义上看生命权有无被损害，而要看杀人者是否违背了禁止杀人这个基本的戒律。

当然，这个方案是否合理，彻底回避悖论是否解决了悖论？以上意见供各位参考。

至于幸福，我始终认为它是上天所恩赐的幸运之福分，否则为什么叫作幸福呢？它并不等同于快乐，因为快乐，来得快去得也快。

想一想

如果你怀孕六个月，医生检查出胎儿有唐氏综合征，你会如何选择呢？

勒索：既是被害人所欲，又是被害人所恨

试想这样一个案件，张三酒后去色情场所消费，被李四发现并拍照。李四是张三妻子的闺蜜。次日李四告诉张三说准备给他妻子寄照片，问张三愿不愿意出 1 万元钱购买照片。张三非常害怕妻子发现，出钱购买了照片。

这种敲诈产生了一个鲜明的悖论：张三面临两个选择，一是出一笔封口费，二是让妻子知道真相。如果硬要做出选择，也许很多人会选第一个。用拗口的话来说，第一个选择是他所欲的，当然也是他所恨的。但是，张三的最优选择却可能让李四的行为构成犯罪。

你也许会说，其实张三一个都不想选，他是被动做出选择。但其实我们每个人每天不都要被迫做出一些选择吗？

这又衍生出第二个悖论——李四有权利告诉闺蜜张三偷腥的事实，权利是可以放弃的，但为什么放弃权利获取财物却构成犯罪呢？按照权利学说，当行为人拥有权利，通过放弃权利获得利益，这是一种交易行为。比如行为人有只宠物狗，欲杀之，他人怜惜此狗，愿出资让行为人善待此狗，这完全是正当的交易行为。

告诉闺蜜是李四的权利，放弃权利获取财物往往也是一种正常的交易。两个行为分开看，在道德和法律上都无可指责，但合在一

起却变成犯罪。两个白色拼板,合二为一却成了黑色,用美国学者詹姆斯·林格伦的话来说,就是"问题的核心在于两个相互独立的行为都是以道德权利和法律权利为前提,但结合起来却会构成一个道德不法行为"[1],这被称为敲诈行为的悖论。

这种"交易"为什么一跃成为敲诈勒索呢?

我们把这两种悖论放在一起,就会发现问题的复杂性。

在这种"交易"中,很难说被害人是不同意的。在揭发偷腥案中,虽然被害人选择交付财物给敲诈者并非出于充分自愿,但问题在于威胁的强迫性是否足以使其同意无效呢?

在抢劫的情况下,被害人的同意无效很容易判断,但是在揭发偷腥这类敲诈中,被害人张三虽然受到威胁,但仍有足够的自愿和选择自由。

李四敲诈威胁的内容是其原本有权做的事情,他不过是将被害人的真实信息告诉第三方,这是他的表达自由。从被害人张三的角度来看,交易也符合他的最大利益,因此并无足够理由认定被害人同意无效。在这类案件中,被害人张三有权处分自己的财产利益,在其拥有足够的自愿和选择自由的情况下,既然很难认为被害人的同意无效,那为什么行为人的行为还会构成犯罪呢?

我们再来看看一些更烧脑的案例。张三从小被叔叔张二抚养长大,对叔叔张二言听计从。后来张三与李四恋爱了,准备结婚。李四爱张三爱得死去活来,非卿不嫁。张二对李四说,侄子最听自己的话,他完全有能力把两人的婚事搅黄,如果想结婚的话,就要给

---

[1] [美]乔尔·范伯格:《刑法的道德界限》(第四卷),方泉译,商务印书馆2013年版,第259页。

点好处。张二说自己又好色，又贪财，而且成年人不做选择，都要。如果李四不同意就会劝张三和李四分手，李四百般无奈，为了爱情只好献身给钱（劝人分手案）；又如人渣教师张三威胁某女李四，说李四的孩子最听自己的话，如果不给钱，不献身，就要劝说李四的孩子去参加战争，李四没有办法，只能同意（劝说参战案），在这些案件中，张三构成敲诈勒索罪以及性侵犯罪吗？

一、敲诈勒索的悖论类型

敲诈勒索可能涉及的悖论大致有如下类型，类型之间互有交叉。

1. 以揭发被害人的犯罪行为相威胁。如以揭发他人偷窃为由索要财物（揭发犯罪案）。

2. 以揭发被害人的过错相威胁。最常见的类型就是刚才说的以向配偶揭发通奸为名索要财物（揭发通奸案）。

3. 以揭发被害人的道德无涉行为（与道德没有关系的行为）相威胁。比如，被害人不想让准备结婚的男友知道自己以前谈过恋爱，行为人以向男方揭发被害人曾有过男友为要挟索要财物（告知恋爱案）。再如被害人曾经整过容，害怕男友知道，行为人以此相挟索要财物（告知整容案）。

4. 利用被害人担忧的事情索要财物。严格说来，上述三种类型其实都属于此类。因此，这里所说的担忧指的是与上述三种类型无关的其他担忧，比如张三的女儿一直想要一辆摩托车，方便她飙车。张三担心女儿，一直不肯买。这时，女儿的好友李四威胁张三，如果不付钱就要送张三的女儿一辆摩托车（送摩托车案）。刚才说的劝人分手案、劝说参战案其实也都属于这种类型。

对于第一类行为，揭发犯罪其实并非行为人的权利，而是他的义务。对于一种法定的义务，行为人没有权利放弃，更不能以放弃为由索要财物。至于法律规定的当事人有举报的权利，主要是针对司法机关应该提供合适的条件让当事人能够积极地行使这种权利，而非意指这种权利是当事人可随意放弃的权利。因此，第一类行为其实不存在悖论，因为行为人没有放弃义务的权利。

对于第二、三类行为，有人会认为行为人的行为侵犯了被害人的隐私权，他不能以被害人的隐私权为筹码来主张财物。行为人没有公布他人隐私的权利，所以不存在悖论。当然，在第二类行为中，如果把通奸等道德过错向公众披露当然可能侵犯被害人的隐私权，但是向配偶披露则与隐私权无涉，因为夫妻之间本来就有忠诚的义务，向妻子告发丈夫的不忠并未侵犯丈夫的隐私权。另外，如果被害人的过错是曾经犯下的错误，比如曾受过治安或刑事处罚，这些历史可以查询，所以也不存在侵犯隐私一说。如果被害人是公众人物，其隐私权也要受到限制，在此情况下即便向公众披露也并不一定会侵犯对方的隐私权。

对于第三类行为，情况也是如此，隐私权同样要受到知情权的限制。对于非常在乎女方是否有过恋爱经历或是否整容的男友而言，女方刻意的隐瞒本来就是一种欺骗，行为人将其恋爱经历或整容历史告诉男友并不会侵犯她的隐私权。

对于第四类行为，更是与隐私权没有丝毫关系。

总之，在第二类到第四类案件中，行为人都有表达的自由，有权将被害人的真相告诉第三方，行为人放弃表达自由索要财物，如果要构成敲诈勒索罪的话，就必须解决表面上的悖论。

二、悖论的解决方法

围绕着上述困境，许多学者提出了自己的理论，试图探究敲诈勒索的本质。按照立足点不同，主要可分为两类：一类注重行为本身的非道德性，即道德理论；另一类注重结果的功利分析，即功利理论，注重分析此行为对社会利益的侵犯。

道德理论

道德理论主要有两种。

第一种"利用第三方力量理论"，认为敲诈勒索中的交易是一种三角结构。除了当事人双方外，还存在一个隐藏的第三方，对于被害人而言，真正的交易对象是隐蔽的第三方，如被害人的配偶、国家机关甚至普通公众，敲诈者利用了不知情的第三人，其实是第三人身上的寄生虫。争议事由发生在第三方和被害人之间，行为人利用了第三方的力量来获得利益，是对第三方权利的侵犯，具有明显的非道德性。比如揭发通奸案、告知整容案，这都利用了被害人配偶或男友的力量。因此，敲诈勒索的本质在于，行为人通过对第三方力量的利用，获得了利益。这种三角结构，揭示了敲诈勒索的寄生性本质。[1]

第二种"不出现会更好理论"，由著名哲学家罗伯特·诺齐克提出。他认为敲诈勒索的本质是一种强制。在正常交易中，人们会

---

1 John Kaplan, Robert Weisberg, Guyora Binder, *Criminal Law: Cases and Materials*(5th edition), Aspen Publishers(2004), p880.

因交易而获利,会感到高兴,但在强制的情况下,人们并不会获得利益,相对方如果不出现,人们会感到更高兴。换言之,敲诈者提供的两个选项,被害人一个都不想要。比如在揭发通奸案中,被害人并不会从"交易"中获利,如果行为人不出现,被害人会感觉更好。[1]

功利理论

功利理论也主要有两种。

第一种观点认为允许敲诈会降低惩罚的效率。美国大法官波斯纳等人认为:以揭示有害信息向被害人索要财物,在某种意义上是个人执行法律的方式。向行为人支付有害信息的对价,被害人虽然实际上因其不当行为受到了惩罚(向行为人支付财物),但私人执法会破坏公共部门执法的专属性。对被害人而言,他愿意支付财物,是因为如果不当行为由公共执法部门来处理,其损失会更大。因此,私人执法降低了公共执法的效率。[2]

第二种观点认为敲诈会浪费社会资源,诱发更多的不当行为。这种观点认为,敲诈勒索者索要财物的成本很低,通常是很小的威胁。如果敲诈勒索合法,大量的社会资源就会浪费在保护个人隐私不受暴露方面。甚至还会出现一个公开售卖不当信息的市场,专门

---

[1] Leo Katz, *Morals: Blackmail and Other Forms of Arm-Twisting*, 141 U. Pa. L. Rev. 1580(1993).

[2] James Lindgren, *Economics, Blackmail: an Afterword*, 141 U. Pa. L. Rev. 1982(1993).

的敲诈公司会应运而生。为了保证不当信息不被揭露，被害人必须给敲诈公司付费，如果被害人无力支付，但又害怕信息披露后的厄运，他可能会通过各种欺骗手段来从亲朋好友，甚至借贷公司获得财物，甚至还可能实施各种财产犯罪。可见，敲诈勒索不仅可能会促使被害人对他人的欺骗，还可能像吸毒那样诱发犯罪。[1]

三、一种可能的解决方法

上述理论都在一定程度上揭示了敲诈勒索的本质，但好像都有些不足。

利用第三方力量理论是一种被广泛接受的理论，但它可能导致处罚过宽。按照这种观点，所有利用第三方力量的行为都可能构成敲诈勒索罪。张三女友父母向未来女婿索要高额彩礼的情况也可以敲诈勒索罪论处，这明显不合理。

诺齐克的"不出现可能更好"理论漏洞更大，它更有可能导致惩罚过度。比如在奥运会中，如果可能获金牌运动员不出现，原可能获银牌的运动员会更高兴。但如果说可能获金牌的运动员以不参赛为由向可能获银牌的运动员索要财物就构成敲诈，这有点违背常识。

至于功利理论，缺陷更大。首先，结果论证的模式是不稳定的，如果出现一个新的变量，一切的利弊分析平衡都会被打破，又要重

---

[1] Leo Katz, *Morals: Blackmail and Other Forms of Arm-Twisting*, 141 U. Pa. L. Rev. 1580(1993).

新进行利益权衡。无论是波斯纳所谓的降低惩罚效率理论，还是浪费社会资源诱发更多不当行为的说法，如果增加新的考虑因素，结论有时就会完全翻转。

比如，如果敲诈行为一律合法，大量的职业或兼职私家侦探似乎会对准备实施违法犯罪的被害人（如准备通奸之人）形成强大的威慑，张三因为害怕被侦探敲诈再也不出轨了。这反而能够减少违法犯罪行为的出现，岂不是会更加节约司法资源，提高执法机关的惩罚效率？有学者就认为如果允许敲诈勒索，私人执法会比公权力介入的效率更高更及时。

其次，功利主义将社会利益作为救命稻草，这就使得敲诈勒索成为一种侵犯社会利益的犯罪。这种立场的优势在于无须考虑被害人同意问题，因为被害人同意只涉及个人法益，而不涉及社会法益，被害人无权处分社会法益。比如得到妻子同意的重婚行为也构成重婚罪，因为重婚侵犯的是社会利益。

但是，无论在传统上还是现实上，敲诈勒索一直都是一种侵犯财产的犯罪。既然盗窃、诈骗、抢劫等所有的财产犯罪都接受被害人同意作为排除犯罪事由，得到他人同意的盗窃肯定不是盗窃，那为什么敲诈勒索罪会例外呢？

最后，波斯纳的理论还会导致惩罚不足。按照他的理论，只有以揭露他人犯罪或侵权行为相要挟才构成敲诈勒索，而其他的信息披露，如向配偶揭发不忠行为，由于不会导致公共权力的介入，按照这种理论就不构成犯罪。

那，怎么解决敲诈勒索中的悖论呢？

双重剥削理论

我想到了一种理论,当然不一定完美,只是一种解决的思路,就是在利用第三方理论的基础上进行一点加工。可以说人类没有什么原创性理论,所有的理论都只是对前人观点的加工。

关于敲诈勒索的悖论,能够提供最有力解释的是基于道德理论的禁止剥削原则。这种立场认为,剥削是对他人的一种利用,如果这种利用严重违背伦理道德,那么就应对其予以惩罚。剥削可以分为自愿受剥削和被迫受剥削。后者如在胁迫或欺骗的情况下被剥削,对此情况,由于它是在被害人不同意的情况下做出的,明显损害了对方的利益,显然具有惩罚的正当性。

但是自愿受剥削则非常复杂,因为被剥削者的同意,很难称其利益受到了损害。这种剥削通常利用了对方的个性或处境。我国刑法中与卖淫和淫秽物品相关的犯罪大多属于此类。如组织卖淫罪,与强迫卖淫不同,在组织卖淫的情况下,卖淫者往往是自愿的,组织者利用了卖淫者经济上的不利地位或者道德上的缺陷。

如果不考虑道德规范,纯粹根据功利主义哲学,组织卖淫这种行为对卖淫者、嫖客、组织者都是有利的,如果允许国家征税,甚至会造成四方共赢的局面。事实上,禁止剥削才是组织卖淫应以犯罪论处的一个重要理由。

再如传播淫秽物品牟利罪,如果不考虑向未成年人销售的情况,这种行为也没有实际的被害人。然而,这种行为显然是对他人道德缺陷的利用。

无论是组织卖淫还是传播淫秽物品牟利,被诱惑者因为屈从诱惑而未选择洁身自好。行为人并不关心被利用者的洁身自好,他利用了对方不太谨慎的欲望。然而,被利用者却无法主张行为人侵犯了他的权利。如果被利用者事后追悔,他只能责怪自己,因为行为人既未强迫他,亦未诱骗他。在某种意义上,这种剥削是一种与人无涉的道德上的邪恶,它的邪恶性在于利用了他人的弱点获取不当利益。对于这类严重的剥削获利,刑法应当予以惩罚。

在敲诈勒索的悖论中,行为人利用了被害人的不利处境,这种利用虽然对被害人的心理有一定压力,但压力并未达到强制的程度,因此很难认定被害人属于不同意。大致来说,这种剥削介于自愿受剥削和被迫受剥削的中间状态。如果我们可以论证这两类剥削都应该受到惩罚,那么两者之间的中间状态自然也不例外。

人类社会存在很多剥削,但并非所有的剥削都应该以犯罪论处,中老年男性利用自己的年龄优势和年轻女孩谈恋爱,好像也有剥削的成分。"十八新娘八十郎,苍苍白发对红妆。鸳鸯被里成双夜,一树梨花压海棠。"这似乎也有剥削的成分,但是估计没有人认为这构成犯罪。看来只有那些最严重的剥削,明显违背社会伦理秩序的行为才属于犯罪。

在敲诈勒索的悖论中,行为人的剥削是对被害人和第三人的双重剥削,这种双重剥削较之单独的剥削更为恶劣,不具有社会相当性[1],值得发动刑罚。

首先,行为人对被害人进行了剥削。

---

[1] 社会相当性,大陆法系刑法理论中关于阻却行为违法性的一般原则,指在社会生活中由历史形成的并为社会伦理秩序所容许的行为,即可排除行为的违法性。如拳击、外科手术、科学实验等,虽有一定的危险或伤害发生,但得到社会的认可,并无违背社会公共秩序和善良风俗习惯,被视为正当行为。

在揭发通奸案、告知整容案等第二、三类案件中，行为人的剥削既是对被害人道德瑕疵的剥削，也可能是对其道德美德的剥削。行为人或者利用了被害人对妻子的不忠，或者利用了被害人对男友的欺骗，这是对被害人道德瑕疵的剥削。同时，行为人还可能利用被害人的道德美德，如果通奸者根本不在乎夫妻关系，整容的女友根本不在乎对男友的爱，那么行为人的威胁也就起不了任何作用，正是被害人的"在乎"，让行为人的威胁生效。试图维持夫妻关系和恋爱关系是一种值得肯定的美德，对他人不道德的利用是一种错误，对他人道德的利用则是一种更大的错误。

在第四类案件中，行为人利用了被害人的胆怯和担忧，同时也是对被害人美好情感的利用，无论是劝人分手案、劝说参战案，还是送摩托车案，行为人都利用了被害人对第三方的情感依赖。如果被害人对第三方无比冷漠，那么行为人的威胁也就失去了意义。

其次，行为人也对第三人进行了剥削。利用第三方力量理论对此有过详细说明。

在第二、三类案件中，行为人利用了不知情的第三方，体现了他的寄生性本质。利用第三方力量理论其实也是禁止剥削理论的体现，但是它讨论的只是单方面的剥削。单独适用这种理论，可能导致处罚过大。本文认为，在敲诈勒索的悖论中，只有双重的剥削才值得惩罚。上文所提及的索要彩礼案，女友的父母表面上利用了作为第三方的女儿，但是只有准女婿才属于真正的被利用者，父母并不害怕告诉女儿索要彩礼的实情，因此不存在对女儿的剥削。如果说此案属于剥削，那也仅是单方面的剥削，自然不构成犯罪。值得一提的是，在第三类案件中，行为人利用了第三方的信任，这种对信任地位的滥用显然也是一种对第三方道德美德的剥削，较之通常的剥削，更为恶劣。

需要说明的是，在敲诈勒索的悖论中，行为人通过放弃权利对被害人进行利用，如果行为人没有可放弃的权利，那就根本不会出现悖论的问题。比如，揭发犯罪案，揭发犯罪是行为人的义务，行为人没有放弃义务的权利。再如，张三盗窃博物馆的一幅珍贵名画，后张三向博物馆馆长写信，索要低于市场价格的赎金。在这类案件中，窃贼有归还名画的义务，他没有任何可以放弃的权利，其行为构成敲诈勒索罪不会出现任何悖论。

你会发现，这种双重剥削理论只是对第三方力量理论的加工创作，也即第三方力量理论的最严重类型才可以犯罪论处。

总之，在李四揭发张三偷腥案中，李四通过放弃权利要求张三给付财物，这被称为敲诈行为的悖论。对此悖论，禁止剥削原则可以提供很好的解释。在敲诈勒索的悖论中，李四的剥削是对张三和其妻子的双重剥削，这种双重剥削较之单独的剥削更为恶劣，具有惩罚的正当性。

双重剥削理论似乎能够为敲诈勒索的悖论提供一种较好的解释视角。但它肯定不是最完美的解决方案。不知道大家有何高见，超越较好，追求更好。

想一想

在劳资纠纷中，工人以停工为名要求老板加薪，这是一种敲诈吗？

禁止吸毒：既是限制自由，又是保障自由

吸毒是犯罪吗？是，又不是。

首先，刑法没有规定吸毒罪，但是吸毒属于违反治安管理处罚法的行为，在有些国家就是所谓的"违警罪"（Police Offense）。另外根据禁毒法规定，对于吸毒成瘾人员是可以进行强制戒毒的。其次，吸毒又可能构成犯罪，首先吸毒者如果购买毒品数量较大，就有可能构成非法持有毒品罪，最高可以判处无期徒刑。另外，与吸毒关联的行为也可能构成犯罪，比如，为他人提供场所，可构成容留他人吸毒罪，最高可以判三年有期徒刑；引诱、教唆、欺骗他人吸毒的，最高可以判七年有期徒刑。与此类似的是卖淫，卖淫本身不是犯罪，但可以治安处罚，但是组织卖淫、引诱卖淫、容留卖淫都是构成犯罪的。

有人会以自由来为吸毒辩解，吸毒只是自己的事情，又没有妨害别人，为什么要被禁止呢？但也许有人会告诉你，限制你的自由其实是为了真正保护你的自由，你会接受这种悖论性的回答吗？

一、自由主义

自由，其实是一个极其含糊的词语，孟德斯鸠说"没有一个词语比自由有更多的含义，并在人们意识中留下更多不同的印象了"，它似乎包含了可以想象的任何事情，难怪罗兰夫人不禁感喟："自由自由，天下古今几多之罪恶，假汝之名以行！"

当然，今天人们谈及自由，一般的口头禅就是——只要行为没有妨碍他人，法律就不得干涉。这个观念来源于穆勒，穆勒的伟大之处在于从消极方面给予"公民自由"清晰的描述，他说："若社会以强迫和控制的方式干预个人事务，无论是采用法律惩罚的有形暴力还是利用公众舆论的道德压力，都要绝对遵守这条原则。该原则就是，人若要干涉群体中任何个体的行动自由，无论干涉出自个人还是出自集体，其唯一正当的目的乃是保障自我不受伤害——任何人的行为只有涉及他人的那一部分才必须要对社会负责。在仅仅关涉他自己的那一部分，他的独立性照理来说是绝对的。对于他自己，对于其身体和心灵，个人就是最高主权者。"[1]

穆勒的自由主义也正是刑法中惩罚理论的哲学基础，只要行为没有侵害法益，就不能发动刑罚，也就是所谓的损害原则。相信大家经常听我说一句口头禅："法益作为入罪的基础"。

然而，穆勒的自由观太过理想，只是一种真空理论，因为人的任何行为都不可能完全与他人无关。沿着穆勒自由观的逻辑，个体的自损行为、帮助自杀与伤害，法律好像都不能干涉，但这种观点

1　[英]约翰·穆勒：《论自由》，孟凡礼译，广西师范大学出版社2011年版，第12—13页。

很难被司法实践接受。连穆勒自己也不认同这种逻辑结论，在讨论"自愿卖身为奴是否应为法律所禁止"时，穆勒的态度是肯定的，他对自己的自由观做了一定的限定：自由不允许人以彻底放弃自由为代价。

所以，你会发现，作为自由主义的代表人物，穆勒其实接受了家长主义（Paternalism）的微调。

家长主义

家长主义顾名思义，就是法律要像你的家长一样，必要的时候能够以"为你好"的缘故，限制你的选择自由，来保护你。相信被父母干涉过早恋、衣着等问题的朋友对此并不陌生。据说有一种冷，就是"妈妈觉得你很冷"。

家长主义又分为强硬的家长主义和缓和的家长主义。

强硬的家长主义认为，为了保护个人免受自愿选择的损害，刑事立法即使违背某人意愿，也是必要的。这种立场认为，国家可以作为民众的监护人，以"为了他们好"而将己见强加于人。

缓和的家长主义认为，国家有权防止自我损害行为，但仅当该行为是在理性不足的情况下非自愿实施的情况下才有权防止。因此当被害人心智不健全，比如说对于未成年人，国家应当对自损进行必要的干涉。最典型的例子就是与不满十四周岁的幼女发生性行为，即便幼女同意，也以强奸罪论处。法律通过限制幼女的性自由来保护幼女。再如，一个十三岁的小孩决定好好学习，来到文身店，请求文身大叔在脸上刻上八个大字"好好学习，天天向上"。文身大哥也被孩子感动，免费帮他文身。但文身大叔的行为却构成犯罪，因为小孩没有文身的自由，在脸上刻字属于故意伤害。

缓和的家长主义是刑法学界普遍接受的理论，但是对于强硬的家长主义则存在较大争议。

毕竟作为正常的成年人，如果妈妈还是一直告诉你什么时候要穿什么衣服，你可能会不太愿意听。妈妈最多只能给你提建议，不能再强迫你不能穿这、不能穿那。如果妈妈总是如此强势，估计家庭关系就不太好了。

人身家长主义

但是家长主义中还有一个"小兄弟"，就是人身家长主义，意思是对于行为人自愿的人身伤害，即便他是自愿的，法律也要禁止。这种人身家长主义其实横跨了缓和的家长主义和强硬的家长主义。

对于精神不正常的人，或者未成年人，他们无法清楚认识损害身体健康的后果，所以要被限制这类自愿行为。一个十三岁的小孩想整容成明星，整容医生如果做了手术，肯定构成故意伤害罪。

但是，对于精神正常的成年人，自愿损害身体健康，法律是否可以禁止呢？比如，马上过七夕节了，张三向李四求爱，李四说："你爱我，就要证明给我看。"张三说："我爱你比天高比海深。"李四说："我也不需要那么厉害的爱，如果你爱我，就把眼睛抠出来给我，这样你就不会被其他异性迷惑了。"张三说："那是必须的。"如果李四把张三眼睛挖了出来，李四的行为构成故意伤害罪吗？至少在刑法中，重伤是不能承诺的，得到他人同意的故意伤害致人重伤，也是构成犯罪的。

穆勒对人身家长主义其实也是接受的，在他看来，如果你自愿接受他人把你杀死，或者导致自己重伤，这从根本上放弃了你的自由，但是自由不能以彻底放弃自由为代价。

很多坚定的自由主义者对穆勒的让步很不爽，因为当人身家长主义滑坡为强硬家长主义的立场，那么自由主义基本上就丧失了理论阵地。你接受了一个让你不爽的理论后退，迟早会不得不接受一个让你感到愤怒的理论。在坚定的自由主义者看来，如果人身家长主义可以接受，那么家长主义的另外一个"小兄弟"道德家长主义是否也可以接受？

道德家长主义

道德家长主义就是说，国家认为遵守道德是一个理性人的标配，如果你不愿意遵守道德，那是你不理性的标志，所以为了你好，即便你不愿意遵守道德，也要强迫你遵守道德。当然，强迫你是为了你好，惩罚你是因为爱你。

如果你看黄色小说、偷情、裸聊，都是不道德的非理性行为，法律可以像家长一样对你进行惩罚，而这种惩罚的动机是因为爱你，希望你成为一个理性的人，不再沉溺于这些低级快乐。你难道感受不到国家像父亲一样地爱你吗？甚至爱你爱到痛心的程度，甚至为了爱你不惜惩罚你。每一次惩罚你，做"父亲"的都心疼，但是没有办法，为了爱你，又必须惩罚你。

你能接受这份沉甸甸的爱吗？

所以，自由主义者最反感的敌人就是强硬家长主义，因为这最终会导致自由的彻底丧失，国家也就会成为没有自由的"斯巴达王国"。比如,香烟和油炸食物,会缩短食用者的寿命,从长远看减少了他们的自由净利益,也是对身体健康的伤害,那是否也要被禁止呢?

其实,没有人是完全理性的,我们也无须做完全理性的人,人生总有一些意外和变数。我们不能用以后的我来彻底否定之前的我。"弃我去者,昨日之日不可留;乱我心者,今日之日多烦忧。"即便今日烦心,也无须彻底否定昨日。

古希腊有一个故事,奥德修斯在海上航行途经女妖塞壬的地盘。他已经被提前警告,女妖的歌声具有蛊惑性,会迷惑所有听到歌声的人,让他们走向毁灭。奥德修斯接受了警告,让所有的水手都塞住耳朵,但他自己却想挑战一下,听一听那美妙的歌声。为了避免受到迷惑,他让水手们把自己绑在桅杆上,命令他们在任何情况下都不能松绑。即便他下达松绑的命令,也绝不能听从。在女妖的歌声下,奥德修斯心智大乱,命令水手给他松绑。但他的水手遵守奥德修斯先前下达的命令,拒绝松绑。[1] 昨天的奥德修斯和今天的奥德修斯,哪个更理性呢?

家长当然有权利和义务阻止孩子损害自己的未来利益,即使并未取得孩子的同意。在孩子成为自治的成年人并行使自治权之前,父母有责任使孩子的人生获得尽可能多的开放的核心选项。但强硬家长主义令人生恶之处就在于它强行阻止一个正常人放弃他的"开放选项"来接受国家的推荐选项。

一个理性的成年人有选择做废物的权利,他可以放弃所有好处,

---

[1] [美]乔尔·范伯格:《刑法的道德界限》(第三卷),方泉译,商务印书馆2013年版,第89—90页。

尽管一般人都觉得这不合理，但是我们也不能轻易给选择者贴上非理性的标签。有时候，这种选择往往是"虽千万人，吾往矣"的英勇与无畏，或者是不计算世俗利害的冒险与浪漫。自由选择，自由地承担后果，这也许才是对人的尊重。

总之，理论的诡异性在于，当一个理论允许例外，那么迟早会出现更多的例外，进而会出现例外的例外，最后彻底推翻之前的理论。

二、自由主义与家长主义的关系

我们来总结下自由主义与家长主义的关系。

首先，自由主义不反对缓和的家长主义。比如，当被害人是未成年人时，国家可以因着对未成年人的保护，限制其接触淫秽物品，因此向未成年人传播淫秽物品自然要受到惩罚。

其次，大部分自由主义都接受法律对人身自损行为的限制，得到他人同意的杀人、重伤，在绝大多数国家都是被法律禁止的。因此今日的自由主义者一般都不反对人身家长主义，也即对于个体的自愿身体损害，国家可以像家长一般对其自由进行限制，理由是自损行为实质上妨害了个人自由的行使。

再次，如果人身家长主义可以被接受，那么迟早就会滑向道德家长主义。毕竟在穆勒看来，之所以要尽可能少地干涉个人自由，是因为这会激发个体最大的创造力，在整体上有利于人类福祉。穆勒认为快乐有高下之分，越能体现人尊严的快乐越是一种高级快乐。"做一个不满足的人要比做一头满足的猪好，做一个不满足的苏格拉底要比做一个满足的傻瓜好。"[1]基于穆勒对人性的乐观看法,他认为如果个体在不受约束的情况下会倾向于选择高级快乐。按照这种逻辑,如果个体沉溺于低级快乐无力自拔,国家是否也可以家长之名,对其道德自损进行限制呢?敦促其追求高级快乐,体现人性之尊严。这些理由似乎也言之成理。

这也是为什么不少自由主义者的底线就是缓和的家长主义,因为未成年人或者精神病人根本没有理性的自由能力,所以得到他们同意的伤害依然构成犯罪,这和自由主义其实没有任何矛盾。

至于其他的家长主义,无论是人身家长主义还是道德家长主义,不少自由主义者一概不接受。他们甚至认为穆勒的退步根本就是没有必要的。但是按照这种理论,得到他人同意的自杀、自伤,法律都不能禁止,这种结论显然又是无法接受的。

我想强调的是,任何一种理论都不完美,我们永远不要在自己看重的理论上附着不加边际的价值。

很多时候,各种理论互相矛盾,但是暗通款曲,很多问题的解决方案都是由各种看似矛盾的理论一起支撑的。这就有点像国家的海岸线,它绝对不是整齐划一,而是犬牙交错的。

三、关于吸毒悖论的解决

回到吸毒,极端的自由主义者可能会认为,吸毒就是个人的自

---

[1] [英]约翰·穆勒:《功利主义》,徐大建译,上海人民出版社2012年版,第9—10页。

由，但是这种立场并不合理，而且最终一定会摧毁自由。

穆勒的自由原则要求人类事务尽可能少受限制，认为这会激发人最大的创造力，总体上促进社会福利。但是穆勒对人性的看法太过乐观，人类中相当比例的人群自私自利、感情用事、好逸恶劳，经常陷入琐碎的日常事务不能自拔，给他们天大的自由，也不能让他们有分毫的改进。穆勒的自由反而会纵容人性的懒散和恶习。

在娱乐至死的当下，我们大多数人都自由地沉溺于各种电子产品，无力自拔。离开了必要的道德约束，自由很容易成为放纵，没有任何社会价值。人类普遍视为良好的每一种习惯，几乎都需要经过或多或少痛苦而艰辛的努力才能养成。不可能指望人会自发形成这些良好的习惯。没有道德施加的自律，个人会倾向于过一种游手好闲、了无生趣的生活，既没有高雅的教养，也缺少追求伟大人格的动力。极端的自由观会让整个社会成为死水一潭，大部分个体也会陷入人性幽暗的沼泽无力自拔，自由终将走向奴役。[1]

更为可怕的是，当社会道德约束一旦松弛，每个人都成为一种离子的状态，引发社会秩序大乱，这时人们常常就会甘心献上自己的一切自由，自由就会彻底地走向它的反面。这就是托克维尔警告人们的："谁要求过大的自由，谁就在召唤绝对的奴役。"[2]

所以，大部分的自由主义者还是无法接受这种极端的自由主义，他们试图从自由主义本身来为禁止吸毒寻找依据。

1　[英]詹姆士·斯蒂芬：《自由·平等·博爱》，冯克利、杨日鹏译，江西人民出版社2016年版，第10页。
2　参考[英]以赛亚·伯林：《自由论》，胡传胜译，译林出版社2011年版，第248页。

自由主义的策略

一种依据依然是损害原则。按照自由主义的观念，只要行为没有损害他人，法律就不得禁止。自己损害自己的利益，是自由主义和家长主义的正面战场。自由主义发现自己很难取得全胜，所以干脆另辟蹊径。如果可以证明，吸毒可能损害其他人的利益，那么就没有必要和家长主义干仗了。

换言之，对于吸毒会造成对自己损害这个议题，自由主义感觉很难应付家长主义的攻城略地，那就回避这个问题，开始从其他方面来论证。自由主义认为，法律要禁止吸毒，尤其是禁止与吸毒相关联的行为，主要是因为吸毒会危害吸毒者以外其他人的利益。

首先是祸及吸毒者的家庭，一个人一旦吸毒成瘾，就会成为整个家庭的诅咒，"烟瘾一来人似狼，卖儿卖女不认娘"。家中只要有了一个吸毒者，从此全家永无宁日，妻离子散、家破人亡往往就是吸毒者家庭的结局。

其次，吸毒还会危害社会。吸毒会诱发大量犯罪，吸毒者为获取毒资往往置道德、法律于不顾，越轨犯罪，严重危害人民生命与社会治安。据报道，在英国有一半吸毒者是靠犯罪获得毒资的。

最后，吸毒还会导致大量社会福利的损害，吸毒者丧失工作能力与正常生活，对吸毒者各种医疗费用，缉毒、戒毒力量的投入，药物滥用防治工作的开展，都给社会经济带来严重的损失。

通过回避吸毒者对自身的损害，自由主义者似乎也能实现对禁止吸毒的论证。而且这可以解释为什么吸毒本身不是犯罪，但是利用吸毒者却构成犯罪，像我国的容留吸毒罪、贩卖毒品罪、强迫吸毒罪、欺骗吸毒罪，其实都是把他人当成了伤害他们自己的工具，类似刑法中的间接正犯[1]理论。

我和你上山,你被菜花蛇咬了,我骗你说这是毒蛇,你只好把手剁了。虽然是你自己剁了手,但是我利用你,让你成了伤害你自己的工具。唆使、利用、鼓励他人吸毒也是一样,我利用你作为伤害你自己的工具。我向你兜售快乐和自由的工具,最终是为了让你被奴役。

自由主义的这种回避策略还是很巧妙的。

家长主义的挑战

但是我想说,其实家长主义也是蛮有道理的,而它和自由主义的冲突在很多问题上都是无法调和的。

大家可以想一想法律要求强制佩戴头盔的问题。公安部数据显示:每年电动车、摩托车交通死亡事故中约80%为颅脑损伤致死,而正确佩戴头盔可以将交通事故死亡风险降低60%至70%。

2020年上半年,公安部正式发文:将在全国范围内部署"一盔一带"安全守护行动,如果骑电动车不戴头盔,是要受到行政处罚的。家长主义很容易对此提供解释,但是自由主义者绞尽脑汁,最后也只能像对待吸毒一样,从对他人和社会损失的角度来做文章。

他们认为,如果不戴头盔,这种对自己的损害会造成交通事故的巨大公共成本,而这些开支中很大一部分都来自一般纳税人的税款,其他则来自医疗保险。间接费用则包括处理伤者丧失工作能力

---

[1] 间接正犯,是指行为人以自己的犯罪意图,利用无责任能力的人或无犯罪意思的人实施犯罪行为,以达到自己的犯罪目的的人。

和纳税能力的费用,以及为他们的子女提供抚养费用等。强制佩戴头盔法律的真正意义在于减少公共开支。

但是自由主义这种论证,你觉得合理吗?你是赞同自由主义,还是家长主义呢?还是都赞同呢?

四、三个偷梨的故事

今天,有不少年轻人吸毒,是因为他们觉得人生没有意义,试图用毒品的快感来对抗这种虚无。

20世纪六七十年代西方的性解放运动,也有不少年轻人用性的放纵和吸毒的快感来对抗人生的虚无。

生活在后现代的今天,很多人都会产生这样一种虚无感,认为人生没有意义,世界上没有什么是绝对的对,也没有什么是绝对的错,一切都是幻象。

《美丽新世界》(*Brave New World*)的作者赫胥黎也提议用毒品来对抗这种荒谬,以获得存在的意义。在他看来,既然真理只存在人的头脑之中,那么最好的生活就是在幻觉中度过余生。不幸的是,这已然成为许多现代人的标准选择。

但是,人生不可能没有意义,当你认为没有"意义"时,一定有一个与之相对应的"意义"。

彻底的怀疑主义在逻辑上是完全错误的,因为"怀疑"本身难道不值得怀疑吗?

康德说,"自律才是真正的自由,假如我们像动物一样,听从欲望、逃避痛苦,我们并不是真的自由,因为我们成了欲望和冲动的奴隶。我们不是在选择，而是在服从。唯有自律，自律使我们与众不同，自律让我们拥有真正的自由。"

对于吸毒者而言，吸毒并不一定是自由的，而当他可以抵制毒品的诱惑，可能才是真正的自由。

历史上有三个关于梨子的故事。

第一个故事是大家最熟悉的孔融让梨，但这让我感觉不真实。

第二个故事是奥古斯丁偷梨。奥古斯丁说自己小时候和小伙伴们偷梨，他的动机不是为了吃，因为大多数梨都喂猪了。他只是想享受那种偷梨的快感。很多时候，人们之所以犯罪，不是为了利益，而只是为了犯罪的快感。明知是错的，依然选择错误。

第三个故事可能大家会稍微陌生一些，《元史·许衡传》里有这样一段记载：许衡做官之前，一年夏天外出，天热感觉口渴难耐，刚好道旁有棵梨树，众人争相摘梨解渴，唯独许衡不为之所动。有人问他为何不摘？他回答说："不是自己的梨，岂能乱摘！"那人劝解道："乱世之时，这梨是没有主人的。"许衡正色道："梨无主人，难道我心中也无主吗？"终不摘梨。

奥古斯丁偷梨的故事让我审视我内心的幽暗，许衡拒绝偷梨的故事又让我向往拒绝幽暗的光明。也许人生就是不断在幽暗与光明中选择，可能每天都要进行这种选择。

人生最大的痛苦也许就是明知道前路光明，后路幽暗，却无可避免向黑暗回撤，无力自拔。如果能够拥有拒绝黑暗的力量，义无反顾朝向光明，可能就是最大的自由和幸福吧。

想一想

张三是个加班狂,对于反对996的做法非常不屑,天天在公司797,法律应该限制加班自由吗?如果你有这样的同事,你会怎么想?

名誉权：可以被侵犯，又无法被侵犯

名誉权可以被侵犯吗？这个问题看似像一个白痴话题。当然可以被侵犯，每天多少网暴狂欢，让普通人的名誉不断遭到侵害。

24岁的杭州女孩郑某华，拿着研究生录取通知书向病床前的爷爷报喜，没想到照片流出后，她因染粉色头发而遭遇大规模网暴。有人造谣"老少恋"，咒骂爷爷的健康状况；有营销号照搬图片，编出"专升本"的故事卖课坑钱；有人"发色鉴人"，抛出"一个研究生，把头发染得跟酒吧陪酒的一样"的荒谬言论……网暴事件后，郑某华患上了抑郁症。

郑同学一边记录下网暴者的言论证据，一边试图通过法律途径维权。然而，在无数人为其加油、鼓励时，平台投诉却屡屡失败，网暴者也无处可寻，艰难的取证与维权之路让郑同学更加抑郁，这也许成为压倒骆驼的最后一根稻草。2023年1月23日，她离开了这个令人悲伤的世界。

郑同学的名誉权受到了侵犯，法律必须要对违法行为进行惩罚。然而，如果你根本不在乎名誉，你的名誉权会受到侵犯吗？

2023年3月，海南海口一女子在闹市区用狗绳把男子当狗遛。男子脖子上挂着狗牌，头上套着丝袜，双脚绑着饮料瓶，像狗一样在街上爬行，边爬还边吐舌头。公安机关后发布警情通报，通报称，涉事的男女分别为谢某和曾某，由于谢某在当晚直播PK打榜中失败而甘愿接受处罚，于是在事发当晚11时30分许，谢某自己系上宠物锁链，并由曾某手拽拉扯。谢某自愿当小狗，他的名誉权受到侵犯了吗？法律对此行为又应该如何处理呢？

一、三种名誉概念

名誉权是人格权的一种。名誉一般分为三种：其一，内部名誉，它是独立于自己或他人评价而客观存在的人的价值；其二，外部名誉，这是一种社会对他人所赋予的评价；其三，主观名誉也即名誉感，这是本人所具有的，作为自我价值意识、感情评价的名誉感情。

内部名誉

内部名誉是由于人的属性而存在的人格体现价值，和人的社会条件、成就、能力无关，无法为他人所触及，也就不可能被侵犯。换言之，无论人多么卑微，遭遇何种困境，他依然是人，人的尊严不容亵渎。笑骂由汝，我自岿然。

据说，古希腊哲学家爱比克泰德的身份是一个奴隶，还被主人活活打断腿。虽然主人不把他当人看，但他却没有自怨自艾、自卑自贱。

爱比克泰德把宙斯以一个体育教练的形象呈现给我们："正是困难显示了人是什么。因此，当困难降临时，要记住，上帝就像一个体育教练那样，要你配得上做一个百折不挠的年轻人。"为什么要这样做呢？是为了让你变得坚韧、强大，以便你能够成为"奥林匹克的胜者"——换句话说，是为了让你有尽可能好的生活。[1]

当然，人的尊严无法证实也无法证伪，你只能选择相信，虽然这种相信有可能带来巨大的危险。二战期间，德军第714步兵师抓捕了16名南斯拉夫平民，这些平民排成一行，等待被处决的命运。当德军军官下达行刑命令，一个叫约瑟夫·舒尔茨的德军下士却拒绝执行命令。理由是不能杀戮手无寸铁的平民，因为这是战争罪行。随后，舒尔茨和16名南斯拉夫人被处决。

外部名誉

外部名誉就是一种社会对一般人的评价。我们说人言可畏、众口铄金、积毁销骨，主要说的就是外部名誉。但是多数并不一定代表着正义，毕竟苏格拉底之死就拜多数暴政所赐。因此，在法律中还要对社会评价进行一定的提炼，这就是法律的价值判断或说规范判断。

张三骂李四是一个穷人，花5000块找了10000个水军造谣说李四是穷人，车是租的、房是借的、衣服是捡的。结果导致李四的20个女友与其分手。李四非常生气，把张三以诽谤罪告上法院。理由是张三虚构事实，恶意攻击。李四提供了自己800套一线城市的房产证，50部豪车的发票，以及无数购衣证明。张三构成诽谤吗？

---

[1] 威廉·B.欧文：《像哲学家一样生活：斯多葛哲学的生活艺术》，胡晓阳、芮欣译，上海社会科学院出版社2018年版，第56页。

这里的问题是，说一个人贫穷，降低了他的社会评价吗？这个讨论也许会像《大话西游》中菩提老祖和至尊宝的争论一样，没有尽头。有些中小学生不让父母开车送到学校门口，希望他们离学校远一点，原因很简单，车不好。有一种病叫作"穷病"，但是更有病的是人心。

　　外部名誉其实又分事实名誉与规范名誉两种。前者认为名誉是一种事实上的声望，即当事人在现实生活中得到他人的好评，声望来自一个人的特质、能力、社会地位等诸多因素。后者则是对事实名誉进行筛选，进行法律上的价值判断，这种理论希望在法律中建造一个符合平等原则的名誉概念。它认为，现实社会中的名誉概念有太多不平等的成分，把人区分为三六九等，如果法律照搬事实上的名誉概念，那法律本身势必就扮演着损害人格尊严的角色。人的成就、才能、社会地位并非人的普遍价值。因此，规范名誉要把这些价值都剔除出去，只保留人之共同价值——人格体现价值（即内部名誉）。但由于人格体现价值是他人无法触及的，因此规范名誉是由内部名誉推导出来的"尊重请求权"。就相当于人有财产权一样，对人表达了不敬的意思，就侵犯了"尊重请求权"。

主观名誉

　　主观名誉是一种对自我价值的想象，也就是在心理结构中自我尊重和受到他人尊重的心理需求。这种名誉概念缺乏可衡量性，因为人的心理感受千差万别，很少有人采用这种学说。在某种意义上，无论是玻璃心还是阿Q的精神胜利法，都可以视为主观名誉的变种。张三找工作时，雇主一个月开出税后两万的工资。张三非常生气，认为自己985、211、双一流毕业，给这么点钱属于对自己的严重侮辱。估计没有人会认为雇主构成侮辱罪吧。

在我国刑法理论中，很少有人对名誉的内涵进行讨论。考虑到我国刑法第246条规定的侮辱罪与诽谤罪都需要"公然"实施，显然是考虑到名誉概念的外部性，因此，主观名誉说不符合法律规定。如果个人主观感受的自我价值是刑法所保护的名誉，那么侮辱与诽谤也就没有必要公然实施。私下轻轻瞪你一眼，有些人主观上也感到自己受到了侮辱。

至于事实名誉和规范名誉，笔者更倾向于后者。法律上的名誉不应该建立在世俗的偏见上，而应建立在作为人的尊严之上。如骂人是穷人、弱智，这都不能看成侵犯了他人的名誉。因为人的贫穷、智力并非一种人格缺失。

名誉作为一种规范判断，可以理解为一种具有道德评价的信息。对他人名誉的侵犯，也就是在减损社会一般人对他人的道德评价。为了避免法律传达出错误的信息，应该根据社会主流价值观念对"名誉"进行规范评价，排除那些与主流道德无关的信息，避免法律的泛道德化。比如，美国和加拿大分别在1990年、1996年有构陷他人罹患麻风病或艾滋病构成诽谤的判例。这些判决所暗示的信息也就是患上麻风病与艾滋病在道德上是有亏欠的，患者人格被贬低了，这本身就是对麻风病、艾滋病群体的污名化，反而支持了社会对他们的不平等对待。

当然，这并不是说法律可以容忍任意指控他人患有恶疾，从而让被害人独自承受来自社会的歧视。英美法系的侵权法将不实言论造成的侵权行为区分为诽谤侵权和恶意不实言论侵权，后者是通过并非诽谤的不实言论侵犯他人权利。这种分类值得借鉴。

二、名誉权与公共利益

名誉权不是没有边界的,无论是民法典,还是个人信息保护法都规定,如果涉及公共利益,那么个人的名誉权都要受到一定的限定。但是这并不意味着为了公共利益,就可以对人无条件地贬损和亵渎。

表8:个人信息保护法与民法典中对名誉权的规定

个人信息保护法 第13条	民法典 第1025条
为公共利益实施新闻报道、舆论监督等行为,在合理的范围内处理个人信息	行为人为公共利益实施新闻报道、舆论监督等行为,影响他人名誉的,不承担民事责任,但是有下列情形之一的除外:(1)捏造、歪曲事实;(2)对他人提供的严重失实内容未尽到合理核实义务;(3)使用侮辱性言辞等贬损他人名誉

因此,即便为了公共利益披露他人的真实信息,但如果突破了合理的尺度,使用侮辱性方式进行贬损,这依然侵犯了他人的名誉权。情节严重的甚至构成侮辱罪。小说《罪与罚》中的索尼娅为了照顾家人,被迫去当妓女。如果她的邻居出于恶意在网上写了一篇关于索尼娅的小作文,在我看来,这没有任何公共利益的价值,属于典型的侵犯他人名誉权。我们有谁没有黑点呢?有谁敢把自己的

一切暴露在阳光之下呢？即便太阳也有黑子。谴责他人是妓女的人并不一定比妓女更高尚。所幸，在《罪与罚》的时代没有网络，人性或许也没有今天这么堕落。

很多人认为，只要不造谣就没事，但是法律不仅惩罚虚构事实的诽谤，还惩罚损害他人名誉的侮辱，用真实的信息损害他人名誉也可以构成侮辱。侮辱是对他人予以轻蔑的价值判断的表示。张三写小作文，虚构李四卖淫的故事，这自然属于诽谤，但是张三曾经卖淫，王五得知此事在朋友圈大肆宣扬张三卖淫，损害张三名誉，这同样可以构成侮辱。

名誉权的本质是对他人人格的尊重，己所不欲、勿施于人。你希望别人尊重你，你也要尊重他人。美名大于钱财。无论多么卑微，都应该获得人的尊重。人性的幽暗体现在，我们喜欢通过指责他人的错误来获得一种道德平衡，甚至这种指责只是为了掩盖自己有过同样的错误。最喜欢说他人生活作风有问题的人，自己可能存在更大的问题。

公众人物

公众人物的言行举止与公共利益有较大关系。所以，无论是普通法系，还是大陆法系，都认为公众人物的名誉权应该受到限制。

1964年的《纽约时报》诉沙利文案中，美国联邦最高法院首次确立"实际恶意"（actual malice）规则，并提出了"公共官员"（public officials）这一概念。公共官员若对媒体报道提起诽谤诉讼，必须由其承担举证责任，证明媒体出于"实际恶意"。同时，判决将诽谤行为划为民事侵权行为，从此掀起世界范围内诽谤罪的除罪化运动。

1967年，联邦最高法院又将"实际恶意"原则适用范围由"政府官员"扩展到"公众人物"（public figures）。随后，联邦最高法院进一步明确了"公众人物"的含义，它包括公共职务的候选人、法官、警察、评说员、公立学校的行政官员、社会工作者、国内收入服务署官员和城建监察官。这一术语还包括选举产生的官员以及大部分虽不是政府雇员但对公共事务行为具有具体责任的职位人员。在当前的美国，诽谤已经不再是犯罪。同时，在民事诽谤诉讼中，"实际恶意"的举证责任也由原告承担，而这种恶意几乎难以证明，因此，对公众人物的批评即使有不实言论，也很难受到追究。

德国虽然没有在刑法中废除侵犯名誉的犯罪，也没有采取公众人物与非公众人物的区别，但是德国刑法理论认为，如果一种言论涉及"公共辩论"，那它就是法治社会应当允许的危险，即便它侵犯了他人的名誉，也不构成犯罪。

1979年德国联邦宪法法院在"政客传单"案（Politisches Flugblatt）中指出：与普通人相比，政府官员必须忍受对其公共行为的强烈批评。该案被告发表文章指责两位政客曾是纳粹分子。两位政客提起诽谤之诉，被告在初审法院被判罪名成立，但宪法法院撤销了原审判决。法院认为，被告的文章引起了政治上的争论，这属于一种公共辩论。

欧洲人权法院在1986年的林根斯诉奥地利案（Lingens v. Austria）中指出，政治辩论的自由是民主社会的核心。该案上诉人林根斯是奥地利某杂志编辑。在奥地利1975年大选时，有人揭发参选的自由党党魁弗里德里希（Friedrich Peter）曾效力于纳粹禁卫军，并参与大屠杀。弗里德里希后承认自己的确参加过禁卫军，但否认参与大屠杀。当时的联邦德国总理布鲁诺·克莱斯基（Bruno Kreisky）

曾支持过弗里德里希手下的政治人物。林根斯遂在杂志上撰文批评布鲁诺，指其道德败坏、机会主义且没有尊严。布鲁诺提起刑事自诉，林根斯后以诽谤罪被判罚金。林根斯将此案诉至欧洲人权法院，法院认为对林根斯的有罪判决违反了《欧洲人权公约》第10条有关言论自由的保障条款。法院指出：对政治人物的批评界限应当比一般人为宽，政治人物不可避免地把自己置于新闻媒体与公众的严格检视之下，因此他必须展现更大程度的宽容。法院虽然承认政治人物的名誉权也要受到保护，但认为这种保护必须权衡它与公共利益的关系。

域外的经验值得借鉴，正如布伦南法官在沙利文判决书中所说的"公众事务的辩论，应当是毫无拘束、富有活力和广泛公开的"，与公共利益有关的公众人物，其名誉权应当受到限制。诸如官员、演员、企业家等社会名流，本来就是媒体和公众关注的对象。特别是政府官员的言行举止，更是关乎公共利益，让他们置身于公众的监督之下，避免拥权自重，腐化堕落，是民主社会的基本要求。同时，与一般人相比，公众人物能够调动更多的资源去维护自己的权益，当他们的名誉权受到侵犯，他们也能比普通人拥有更多的力量去保护自己。因此，如果不能证明网络上的批评出于对方的故意，那就应当推定批评是正当的。

我国的法律虽然没有明确区分公众人物与非公众人物[1]，但是公众人物的言行可能与公共利益有着更紧密的关系，因此名誉权也会

---

[1] 民法典第998条采取了综合性方法来区分公众人物与非公众人物："认定行为人承担侵害除生命权、身体权和健康权外的人格权的民事责任，应当考虑行为人和受害人的职业、影响范围、过错程度，以及行为的目的、方式、后果等因素。"

受到更多限制。这并不意味着公众人物就完全丧失了名誉权,所有的利益平衡都不能以完全丧失其中一种利益为代价。今天许多吃瓜群众喜食的大瓜主要是娱乐明星私德,但是与公共利益更为相关的也许是政府官员的言行举止。

三、名誉权的放弃

值得思考的另外一个问题是,权利人可否放弃名誉和商誉?换言之,得到他人同意的侵犯名誉或商誉的行为是否构成犯罪?比如,在卖丑经济中,有人装疯卖傻迎合民众的审丑情感,这侵犯了他人的名誉权吗?

在这些流量闹剧中,看似是丑角在挑战公众的价值观,但事实上公众只是像欣赏小丑一般来满足自己的优越感,将人作为纯粹的工具在消费与践踏。

然而,名誉权是一种个人利益,所有的个人利益在抽象上都与公共利益有很大关系。一般认为,比较重要的个人利益(如生命权、重大的身体健康权),以及明显带有公共利益属性的个人利益(如民主权利、婚姻权利),个人不能自由处分,但相对次要的个人利益(如人身自由),一般可以自由处分。

名誉权是一种相对次要的个人利益。与生命权和重大的身体健康权不同,名誉权受到损害,并非不可复原。因此,在绝大多数国家,侵犯名誉的犯罪都是轻罪,有些国家甚至不以犯罪论处。

不构成犯罪,不代表行为合法。治安管理处罚法第42条规定:公然侮辱他人或者捏造事实诽谤他人的,处五日以下拘留或者五百元以下罚款；情节较重的，处五日以上十日以下拘留，可以并处五百元以下罚款。治安管理处罚法将公然侮辱、诽谤视为扰乱公共秩序的行政不法行为。文首提到的"自愿为狗案"，虽然不构成犯罪，但是完全可以进行行政处罚。即便你自己不尊重自己的名誉，这依然是对他人的强烈冒犯，扰乱公共秩序。人无法彻底放弃自己做人的权利，法律要为人的尊严提供最底线的保护。

四、群体的名誉

与名誉相关的概念是商誉，它是商品生产、经营者在商业活动中所拥有的信用利益。因此，只有特定的对象才拥有这种利益。当然，这种特定的对象既可以是一人，也可以是数人。行为时虽未具体指明被害人的姓名，但能推知出具体的被害人的，仍可入罪。有趣的问题是，对某类群体的名誉或商誉进行侵犯，是否属于侵犯特定对象的名誉呢？

在著名的"纸馅包子事件"中，被告人訾某佳以喂狗为由，要求他人将浸泡后的纸箱板剁碎掺入肉馅，制作了20余个"纸馅包子"。訾某佳将这过程密拍下来并制作了虚假电视专题片《纸做的包子》在北京电视台播出，造成恶劣影响。法院认为，訾某佳捏造并散布虚伪事实的行为，损害了相关行业商品的声誉，情节严重，构成损害商品声誉罪。訾某佳后被判处一年有期徒刑，并处1000元罚金。

有观点认为，对特定性的理解不能过于僵化，因为侵犯一个市场主体的商业信誉、商品声誉可以构成犯罪，但如果侵害了一类市场主体的商业信誉、商品声誉，作为危害更大的犯罪，举轻以明重，自然应当构成犯罪，这是逻辑解释的当然结论。[1]

这种观点值得商榷。群体概念并不必然包括个体概念，每个个体都有其差异性。对人类的赞美并不一定能推导出对每个个体的赞美，那些号称热爱整个人类的人，往往并不爱具体的个体。这正如小偷盗窃了国有资产，却辩解说，国家的一切财产属于人民，作为人民中的一员，拿自己的东西有何不可。这种辩解的荒谬性在于作为集体概念的"人民"并不必然是每个个体的结合。对"人民"利益的侵害也不当然就侵害人民中每个个体的利益。如果认为訾某佳的诽谤行为侵害了整个北京市包子行业的声誉，那为什么不说他侵害了整个世界包子业的声誉呢？推而广之，也可以说他侵犯了全世界食品行业的声誉，他岂不成了人类公敌？

德国有一起著名的"军人是谋杀犯案"。行为人在1991年波斯湾战争时，在其车身贴上了"军人是谋杀犯"的标语，标语下还写着"Kurt Tucholsky"[2] 这个名字，此人在20世纪30年代首次说出了"军人是谋杀犯"此语。在标语左侧还有另一行标语，写着"解甲归田"，另外还有一幅被子弹击中的军人照片，旁边写着"何必呢？"行为人被法院论之以德国《刑法》第130条族群挑拨罪和185条侮辱罪的想象竞合，依侮辱罪定罪。行为人后提起宪法诉讼，德国联

---

[1] 康瑛：《訾某佳损害商品声誉案》，最高人民法院刑事审判第一、二、三、四、五庭编《刑事审判参考》第72辑，法律出版社2010年版，第24页。

[2] 库尔特·图霍夫斯基（1890—1935），生于德国柏林，是魏玛共和国时期最重要的评论家。自我定位为左派民主人士、反战与和平主义者，对当时泛滥于政界、军界和法律界的反民主潮流甚为不满，一再呼吁警惕民族社会主义（即纳粹主义）的危害。

邦宪法法院第三法庭裁定此判决侵犯被告人的言论自由，撤销该判决[1]。宪法法院撤销该判决的一个很重要的理由，就是这种侮辱并未针对特定的个体。

五、一种解决名誉权悖论的方法

名誉权可以被侵犯吗？回顾我们提过的三种名誉概念，从内在尊严的角度，名誉是人的内核，无法被侵犯。即便他人将你视为工具，把你物化，甚至你自己也认为自己被物化了，但是从作为人的抽象的内在属性看，你依然是一个大写的人，你依然可以拥有作为人的完全之人格。无论你如何的卑微，你也比大熊猫要宝贵得多，因为你是无价之宝。

从主观名誉的角度看，那些被他人践踏以至于失去个人价值感的人也很难相信自己还拥有独立的人格，比如奴隶已经不再把自己看作人，名誉似乎也无法被侵犯。

但是，主观尊严的概念首先要被抛弃，因为人之为人，并不取决于你的主观想象。在某种意义上，内在尊严作为人的出厂设置，即便张三在成年后不断地自我践踏，或者被他人践踏，当作性奴，张三认为自己不是人，他人也认为张三不是人，但这种出厂设置一直提醒他，他是人，是顶天立地的人。作为人的内在尊严不断提醒每一个人，要尊重你自己，也要尊重他人，因为他人也是人。

---

[1] 徐伟群：《论妨碍名誉权的除罪化》，台湾大学博士论文2005年版，第69页。

内在名誉产生了名誉的请求权，也就是要求他人尊重自己的名誉，即外部名誉。法律从不追求最好，只是避免最坏，所以法律并不保障你拥有超越万人之上的荣耀，只是防止你的人格为他人所践踏，即便你卑微如尘。

只有具有道德属性的外部名誉才能被法律保护，但这种外部名誉依然要接受法律的价值判断，体现法律要倡导的良善价值观，骂一个人太胖和骂一个太穷都不能视为对人的名誉侮辱，因为身材胖瘦、经济水平都与道德判断无关，并不是所有事实上的名誉概念都会成为法律上的名誉权。

大家或许注意到，这三种名誉其实也存在一定的悖论。正是因为人有内在的尊严，所以人的尊严是无法被侵犯的。但正是为了保护这种无法被侵犯的内在尊严，所以按照社会一般观念，我们必须要尊重人的尊严，从外在的角度来看，侮辱、诽谤等行为侵犯了他人的名誉尊严。即便被害人不认为自己存在这种尊严，习惯了被伤害被侮辱，法律依然要保护这种不能被侵犯的尊严。

因此，永远不要把自己贴上非人的标签，如果你遭遇嘲弄亵渎，不要认为是你自己的过错，不要认为自己没有尊严，你依然是人。

勇敢地拿起法律武器，法律会捍卫你的尊严，法律会恢复你的尊严。

六、网暴维权指南

在网络空间，我们很容易把他人符号化，而忘记了对方也是一个和我们一样有血有肉的人。我的同事赵宏老师写过这样一段话，值得引用:"在网络时代,我们似乎也开始渐渐丧失了对复杂情感的体察,丧失了对他人境遇的体谅。空洞和浅薄,最终导致的又是观点的极端和情绪的残暴。美国法学家桑斯坦在其《网络共和国》一书中,将这种现象描述为'群体极化',即团体成员中一旦开始有某些偏向,经群体商议讨论后,人们就会朝偏向的方向继续移动,最后则形成非常极端的观点。可怕的是,如果这种极端意见是集中于某个个体,就很容易演变成对他的网络处刑。这也是互联网时代网暴滋生的深层原因。我们的情绪极容易就被极端意见挑动,也越来越倾向于对他者进行非黑即白的评判;而这种情绪和判断,又会像利刃一样刺向身处舆论漩涡的个人。"

柏拉图在《理想国》里举过一个隐身人的例子。一个牧羊人,有一天走进一道深渊,发现一只可以使自己隐身的戒指,他利用这个戒指勾引了王后,跟她合谋杀掉国王,夺取了王位。这个故事告诉我们,如果人们拥有隐身的戒指,所有的不法行为都不受惩罚,人性深处的幽暗就会被无止境地释放。

很多人把网络当作了隐身的戒指,在这个空间中无限释放自己内心的幽暗。

但事实上,网络从来都不是隐身的戒指,人们的真实身份信息是可以被捕捉的。如何让法律责任落到实处,让维权之路不再荆棘遍布,这是所有网暴被害人所面临的共同心路。不少被网暴者在寻求法律帮助时,遇到最突出的问题就是无法获得施暴者的真实姓名,以至于只能对着空气战斗,无法伤及处于黑暗中的网暴者。

其实,无论是法律规定的民事责任、行政责任还是刑事责任,都可以通过正当的渠道来主张权利。比如,张三同学被网暴,社会性死亡了三个月,他越想越气,联系了网络上一个专门调侃他的罗老师，老师建议他采取如下维权步骤。

首先是保留证据，对所有侮辱诽谤的侵权行为截屏以固定证据。不过这需要强大的内心，才能面对铺天盖地的恶意，所以也可以把这些活儿交给律师等专业人士来干。

其次是走司法程序，这里最突出的问题就是如何让隐蔽的网暴者现身。比如，张三同学认为大V李四严重侵犯了他的名誉权，于是到居住地的人民法院，提起民事诉讼。第一步是立案，只有立了案，案子才能进入司法程序。但是这时他面临一个突出的问题，就是不知道网暴者的真实信息，比如，姓名、电话、联系方式，案子可能立不上。有时，当事人或律师可以向法院申请调查令，持调查令去各大网络调查大V李四的个人信息，司法实践中，有些法院出具过这种调查令。但是也有很多法院认为，调查令只能在立案之后才能出具，既然连案都没立，又如何签发调查令呢？这个先有鸡还是先有蛋的法律问题，亟待解决。

结果张三没有申请到调查令，心情沮丧，认为给他建议的那个老师是个法盲。法盲老师很难过，又建议张三走另外一条路。

先给网络平台发律师函，要求网络平台提供网暴者个人信息，有些平台可能会提供，但是如果不提供，怎么办？网络平台其实也很纠结，因为他们负有保护个人信息的责任。法律问题常常充满利益平衡，没有最优解，只能避免出现最坏的结果。

最后手段只能是到法院起诉网络平台，这些网络平台的信息是可以查到的。把网络平台作为被告，同时把大V李四也作为共同侵权人。要求网络平台提供大V李四的个人信息。一般来说，法院会依照职权要求网络平台提供李四的个人信息。获得了李四的个人信息，就可以再去法院对李四提起诉讼，主张法律责任。

由此看来，如果可以在法院决定立案阶段普遍实施调查令制度，也许可以节约诉讼成本，避免殃及没有正当理由不能随意泄露个人信息的平台。这个问题既是老问题，又是新问题。

还有一个方案就是到公安机关告状，既然公然侮辱、诽谤可能属于行政不法行为，如果有足够多的证据，那么也可以让公安机关直接依照职权查询违法行为实施者的个人信息。

至于提起刑事自诉，也可以按照刚才说的两个方案分别进行，首先是要获得施暴者的个人信息。网络不是隐身的戒指，每个人必须对自己的行为负责。

在大量的网暴案件中，很多施暴人最后也被网暴。当人们获得一种复仇的快感时，需要思考的问题是，离开了正当的程序，我们追逐正义的初衷是否会事与愿违呢？当然，我们也希望法律提供这样一种正当程序来抹去那些被伤害被侮辱者的泪水。

村上春树在其短篇小说集《列克星敦的幽灵》中描写过一个遭遇集体孤立的中学生。他因为偶尔一次考试成绩超过了班里成绩最好的学生，从而被群体孤立，陷入无尽的孤独和痛苦中。在小说的结尾，村上借着主人公之口说出这样一段话，"我真正害怕的，是那些毫无批判地接受和全盘相信别人说法的人们，是那些自己不制造也不理解什么而是一味随着别人听起来顺耳的容易接受的意见之鼓点集体起舞的人们。他们半点都不考虑——哪怕一闪之念——自己所作所为是否有错，根本想不到自己能无谓地、致命地伤害一个人，我真正害怕的是这些人"。

尊重他人就是尊重自己，尊重自己也要尊重他人。法律只是对人最低的道德要求，我们都是吃瓜群众，但是没有人喜欢成为他人消遣的对象。只是，对他人名誉的尊重更多是一种道德自律。虽然在我们目力之所及范围，经常看到人被侮辱被伤害的情况，有时会让我们怀疑人之尊严这个预设。但是，所有的荒谬只是为了证明完美的存在，所有的亵渎都只是说明有些东西是不能被亵渎的。虽然，我们无法在洞穴之内的现象界证明人之尊严的存在，但是我们可以把它安放在洞穴以外的理念世界，作为我们行事为人、安身立命的基础。

总之，名誉权可以被侵犯，又无法被侵犯。任何一个人，无论多么卑微，从内在尊严的角度看，他永远不可能被伤害被侵犯，因为他永远是人。即便他主观认为自己不值得保护，法律依然要根据社会主流的价值观来捍卫每个人生而为人、拒绝被他人奴役的权利。

想一想

张三骂李四是个死胖子，导致李四学习成绩下降、女朋友和李四分手，李四可以控告张三吗？

司法：要纠正错误，又要容忍错误

以治病为名购买麻醉药品构成走私毒品罪吗？冰冷的法律问题背后是沉甸甸的故事。

有一位姓胡的父亲，网名叫作"铁马冰河"，女儿患有先天性癫痫病，一直服用喜保宁，这种药不是精神药品，但属于境外销售的处方药品，在国内没有上市。后有医生向其推荐了一种叫作"氯巴占"的药品。氯巴占在欧美多个国家上市，能够有效控制癫痫，在我国，该药物属于第二类管制精神药品，受到严格管控。

麻醉药品、精神药品（以下简称"麻精药品"）具有双重属性，既是药品，又是毒品。一如英文中的 Drug，既可以指药品，也可以指毒品，是药三分毒嘛。2013 年，国家食品药品监督管理总局、公安部、国家卫生和计划生育委员会发布了《麻醉药品品种目录》和《精神药品品种目录》，如可卡因、吗啡就属于麻醉药品，二亚甲基双氧安非他明（俗称"摇头丸"）属于精神药品目录第一类的药品，至于常见的助眠药品如劳拉西泮、佐匹克隆则属于精神药品目录第二类的药品。司法实践中也有不少从海外购买助眠药被控走私毒品罪的例子。第一类比第二类药品更易于产生依赖性，且毒性和成瘾性更强。精神药品除特殊需要外，都必须凭医生处方购买和使用，一类药品的处方每次不得购买超过 3 日的常用量；二类药品的处方每次不得购买超过 7 日常用量。

2019 年 5 月，胡某某开始通过境外代购人员购买喜保宁，逐渐形成了较为稳定的购买喜保宁的渠道。购药过程中，胡某某结识了与自己有相同需求的患儿家长，并建立了两个微信群。2019 年 5 月至 2021 年 7 月间，他通过多名境外人员邮购多个国家和地区生产的氯巴占、喜保宁、雷帕霉素。按照事先约定，部分药品由患儿家属接收后转寄给他，他再将药品加价向群内成员销售。

2021 年 7 月 4 日，公安民警查获胡某某走私的氯巴占 105000 毫克，根据国家禁毒委员会办公室印发的《100 种麻醉药品和精神药品管制品种依赖性折算表》，105000 毫克氯巴占折算为海洛因 10.5 毫克。经审计，胡某某从境外购买氯巴占、喜保宁、雷帕霉素共计支出人民币 123.86 万余元，向 202 名微信群成员销售药品总金额 50.41 万余元，其中销售氯巴占获利 3.1 万余元。中牟检察院认为应以走私、贩卖毒品罪追究"铁马冰河"的刑事责任。2023 年 3 月 31 日，河南省中牟县法院判决被告人不构成走私贩卖毒品罪，构成非法经营罪，但考虑到情节轻微和社会危害不强，判处免予刑事处罚。[1]

刑法第 347 条规定："走私、贩卖、运输、制造毒品，无论数量多少，都应当追究刑事责任，予以刑事处罚"。记得十多年前在电台做"626 禁毒日"的节目时，我给听众出了一个题目——运输多

---

[1] 王春晓：《现实版"药神"判了，免予刑事处罚》，载《中国新闻周刊》2023 年 4 月 3 日，https://news.sina.cn/gn/2023-04-03/detail-imypccqc3310141.d.html。

少克K粉（氯胺酮，被列为第一类精神药品管控）构成犯罪。当时有答10克的，有答50克的，其实正确答案是无论数量多少，都应当追究刑事责任。如果把"铁马冰河"这类案例输入人工智能软件，估计也会得出构成走私毒品罪的结论。

刑法的规定是不是太过于严厉，没有考虑到人类生活的复杂性？2007年禁毒法第59条的规定，"走私、贩卖、运输、制造毒品，构成犯罪的，依法追究刑事责任；尚不构成犯罪的，依法给予治安管理处罚"。

1997年的刑法和2007年的禁毒法之间似乎是存在冲突的。按照禁毒法的规定，即便走私、贩卖、运输、制造毒品，也有不构成犯罪，只追究行政责任。作为司法人员，当刑法和禁毒法发生冲突，应该如何取舍呢？

法的稳定性与灵活性始终存在一定的张力，如何既尊重立法权威，又进行合理的司法修补，这是一个非常值得研究的问题。人类的理性是有限的，立法必然存在错误，尤其当立法出现了语言或逻辑错误时，司法可以主动纠错吗？还是必须容忍这种错误呢？答案是非此即彼吗？

一、法律无谬的神话

当前，法教义学（legal dogmatics）得到了很多学者的赞同。教义（dogma）一词来源于希腊文（dokein）。希腊文中的"dokein moi"，意思是"在我看来"，或"是我所喜悦的"，但还有"我已经坚决地决定了某一件事，所以那对我而言是既定的事实"的含义。

因此,"教义"一词遂演变成一种坚定不移且当众宣布出来的决议或命令。这个词也曾用来指科学上自明的真理,或者已经被建立的、公认为正确的哲学信念,又可指政府公告的命令或由教廷所规定的宗教教条。

随着基督教的发展,教义一词在基督教神学中扮演了重要的作用,开始具有更多信仰的成分。在基督教看来,其教义来源于圣经这一神圣文本。圣经是基督教信仰的宪章,它具体规定基督徒应当信什么,以及应当做什么。[1]

刑法教义学将现行刑法视为信仰的来源,有学者认为对刑法教义学者而言,现行刑法就是《圣经》。[2]然而,教义属于神学词汇,它的前提是神圣文本,这种神圣文本是无谬的。但是法教义学的前提显然不能把刑法看成无谬的神圣文本,否则就是造神,也无法解释法律不断修正的现象。

神学词汇和世俗词汇并不具有完全的通约性,人类的理性是有限的,因此我必须接受有限性的法律文本,同时也接受这种法律文本可能出现的错误,并对错误进行合理的弥补。如果认为刑法完全自足封闭与自明自洽,不接受任何的批评,那么法教义学也就迟早会堕落为僵化的技术性法学。[3]

考夫曼警诫人们:纯粹技术性的法学如性工作者一般可以为任何人服务,也可以被任何人利用。每个受到良好训练的法学家

---

[1] [美]米拉德·J.艾利克森:《基督教神学导论》,陈知纲译,上海人民出版社2012年版,第8页。

[2] 冯军:《刑法教义学的先行思考》,载《法学研究》2013年第6期,第3页。

[3] 参见刘艳红:《中国刑法教义学化过程中的五大误区》,载《环球法律评论》2018年第3期,第74页。

基本上都能证明任何其想要的结果，反而是那些并非法学家的正派人士不屑于使用这一技能。[1]我时常将这句话作为对我自己的告诫，作为刑法学教授，我们基本上可以运用解释技巧将任何行为解释为犯罪。

无论哪个国家和地区，立法错误其实都比比皆见。美国阿肯色州曾出现一个明显的立法错误——婴儿获得父母同意也可以结婚，让人大跌眼镜，很多人觉得这不是为恋童癖大开方便之门吗？法条表述如下："年龄在18岁以下，并且没有怀孕的人如果要领取结婚证明，必须出示父母同意的证明。"后来发现这一乌龙是误写了"没有"两字。我国台湾地区所谓的"民法典"第942条原规定："占有辅助人为雇佣人"等，后发现这里的"雇佣人"其实应该写作"受雇人"。[2]

二、罪刑法定与解释限度：容忍与不忍

法律肯定是需要解释的，立法者把一些经常发生的行为用语言进行规定本来就很困难，用条文来穷尽它所应涵盖的所有情节无异于一种过于理想的刑法乌托邦。加上社会生活的不断变化，立法时不能预见的事情发生是自然而然的。因此，刑法的解释是一个不得

---

1 E. Kaufmann, in: *Veröffentlichungen der Vereinigung der Deutschen Staatsrechtslehrer*, 3 (1927), S. 22. 转引自[德]莱因荷德·齐佩利乌斯：《法哲学》（第六版），金振豹译，北京大学出版社2013年版，第294页。
2 郑永流：《法律方法阶梯》，北京大学出版社2019年版，第153页。

不面对的问题。

从罪刑法定原则出发，司法机关不能创造新的法律，不能进行不利于行为人的类推解释，但却允许扩张解释。一般认为，尽管扩张解释与类推解释之间很难划出一个泾渭分明的"楚河汉界"，但两者还是有很大区别的。

扩张解释是将刑法规范可能蕴含的最大含义揭示出来，是在一定限度内的解释极限化；类推解释是将刑法规范本身没有包含的内容解释进去，是解释的过限化。此外，扩张解释是为了正确适用法律，它并不产生新的法规，而类推解释则是为了填补法律的漏洞，它将产生新的规则。

上海有一个经典的案例，被告人董某等人招募模特，然后通过互联网发布人体模特私拍摄影信息，并招募参与私拍活动的摄影者，租借公寓或预订宾馆客房作为拍摄场地，安排模特分场次供摄影者拍摄，在拍摄过程中要求模特按照摄影者的需要，全裸、暴露生殖器以及摆出各种淫秽姿势。董某构成犯罪吗？

刑法中有一个组织淫秽表演罪，但一个模特和一个摄影者组成的"一对一"私拍活动，能够被认定为淫秽表演吗？权威判例认为：尽管这种淫秽表演的受众只有一人，但该受众是董某从网上公开招募而来，具有不特定性，该表演活动仍会危害社会的健康性风尚。所以人民法院最后认为被告人董某以牟利为目的，单独或伙同他人组织模特进行淫秽表演，其行为构成组织淫秽表演罪。

将拍摄解释为表演，这是适用法律的扩张解释，还是创造规制的类推解释呢？

大家可以想一想脱衣舞，这算是淫秽表演吧。一对一的脱衣舞算是VIP淫秽表演，所以把这理解为淫秽表演没有超过语言的最大范围。[1]又如组织男性向男性提供性服务,解释为组织卖淫,构成组织卖淫罪,这也是一种扩张解释,因为没有超越"卖淫"这个词语的极限。但如果把出租充气娃娃(性用品),解释为组织卖淫,那就是一种类推解释,因为超越了"卖淫"这个词语的极限。

在民事领域,允许法官探究法律精神,类推定案。但在刑事领域,不允许法官做对行为人不利的类推解释,因为刑罚指涉的是公民的自由、生命、财产等最基本的价值,如被滥用,后果不堪设想。在某种意义上,少打击一些过分行为总比滥施刑罚要强得多。

更为重要的是,类推解释是首先从伦理和道德的立场对行为进行判断,当认定一行为与道德有悖,就千方百计去寻找可以适用的法律,如果没有则类推定罪。这也是为什么有人认为类推根本不是一种解释方法,而只是法律适用的一种手段。但是,扩张解释的思维逻辑却与类推有着根本的不同,它仅仅是从法律条文出发,看一行为是否包括在这个条文之内。

严格说来,扩张和类推确实不太好区分,法律概念其实很难泾渭分明。对此问题,日本学者西原春夫教授的意见可谓中肯,他说:问题在于解释的界限。不能按照国家打击犯罪的需要来进行解释,否则就是欲加之罪、何患无辞。而应该根据一般民众的预测可能性进行解释。比如,刑法中有拐卖妇女、儿童罪,那现在把拐卖成年男性解释为妇女,就肯定超越了一般民众的预测可能性,属于典型

---

[1] 最高人民法院《刑事审判参考》指导案例第770号:董某尧组织淫秽表演案。本书所引最高人民法院《刑事审判参考》案例,第519号之前(不含)案例均引自《刑事审判参考》的汇总本,即《中国刑事审判指导案例》,法律出版社2010年版;第519号之后案件,则引自《刑事审判参考》各集(第66集及之后),均由法律出版社出版。

的类推。但如果把组织男性卖淫解释为组织他人卖淫，这并未超越民众的合理预期。[1]

类推解释是否一概禁止？对这个问题的回答涉及对罪刑法定精神的把握。我们知道，限制国家权力是罪刑法定的精髓所在。因此，有利于被告人的类推解释应当是允许的。我倾向于把刑法看成是国家和公民之间的契约，契约中双方当事人地位并不平等，所以这种由国家单方面制定的契约，也就是一种格式合同。

我们知道，当对格式合同中某一条款的理解发生分歧时，在解释时应该有利于接受格式合同一方当事人。对国家和个人而言，考虑到国家处于绝对的强势地位，那么为了恢复法律的平衡，就应该更多地考虑被告人的权利，因此，当对法条的理解发生纠纷时，可以做有利于被告人的类推解释。

三、何谓司法补正

对于有些立法漏洞，司法可以进行补正。一般说来，补正解释是指在刑法文字发生错误时，统观刑法全文加以补正，以阐明刑法真实含义的解释技巧。[2]补正解释的前提是法律本身出现了错误。

丹宁大法官说：法律就像是一块编织物，用什么样的编织材料来编这块编织物是国会的事，但这块编织物不可能总是平平整整的，

---

1 参见［日］西原春夫主编：《日本刑事法的形成与特色》，李海东等译，法律出版社1997年版，第126页。
2 张明楷：《刑法学》，法律出版社2021年版，第50页。

也会出现皱褶；法官当然不可以改变法律编织物的编织材料，但是他可以、也应当把皱褶熨平。[1]

立法错误有两种：一是可以补正的漏洞，这是一种立法皱褶，正是补正解释可以发挥作用的领域；二是无法补正的错误，对于这种错误，只能通过将来法律的立、改、废来进行修正。换言之，对于第一种错误，司法机关不能容忍，可以进行补正。但是对于第二种错误，司法机关只能容忍，并期待将来的立法修改。

动态漏洞的填补

英国法律史学家梅因的名言是："任何法律一经制定，就已经滞后。"没有人有未卜先知的能力，有限的法律经常无法适应无限发展的社会生活。

2019年10月9日，某著名高校法学院女生在宾馆服药自杀，送医救治期间被宣布"脑死亡"，次年4月，女生被宣布医学去世。随后，该女与牟某恋爱交往过程中被虐待的情况被媒体报道。牟某后因涉嫌虐待罪被刑事拘留，后也被以虐待罪起诉。

但是，有人对这个罪的适用表示困惑，因为刑法第260条的规定是"虐待家庭成员，情节恶劣的，处二年以下有期徒刑、拘役或者管制。"虐待罪的对象必须是家庭成员，同居男女算是家庭成员吗？这显然是时代发展给刑法提出的新问题，1979年立法者制定此罪时，不可能预见当下有大量男女未婚同居的现象，因为在那个时

1　[英]丹宁勋爵：《法律的训诫》，杨百揆、刘庸安等译，法律出版社1999年版，导言第7页，正文第13页。

代未婚同居甚至可能构成流氓罪。

又如刑法第286条规定的破坏计算机信息系统罪，1997年立法者规定此罪时，并未预见到智能手机的出现与普及。但是当前智能手机和计算机已经没有太大区别，那么远程锁定他人智能手机可以构成破坏计算机信息系统罪吗？

上述情况都属于刑法的动态漏洞，是社会发展让有限的立法语言出现了缺陷。当然，这并不能说是立法错误，因为无法预测未来是人类的局限而非错误。

对于刑法的动态漏洞，司法肯定要通过解释进行必要的弥补。一方面解释不能突破立法语言的最大范围，立法者所使用的语言，其语义的范围是立法者对解释者解释边界的划定。另一方面，解释也必须适应不断变迁的社会生活，保持法律条文的鲜活。

因此，无论是将智能手机解释为计算机信息系统，还是把男女未婚同居解释为家庭成员，都没有超越立法语言的最大范围，是在遵循罪刑法定原则的扩张解释。

但是，对于超越立法语言最大范围的漏洞，就只能通过立法形式予以弥补。比如幼儿园老师虐童就不能为虐待罪所包容，如果将整个中国解释为一个大家庭，老师和学生也属于家庭关系，那么人类的语言也就失去了任何的确定性，罪刑法定原则也就被颠覆。又如，男性性侵男性就不能构成强制猥亵、侮辱妇女罪，因为这个罪的被害人是妇女，不包括男性。这也是为什么2015年刑法修正案（九）增加了虐待被监护、看护人罪，对前一个漏洞进行了立法修正。同时，还将强制猥亵、侮辱妇女罪修改为强制猥亵、侮辱罪，男性也成为这个罪的被害人，漏洞通过立法手段进行了填补。

对静态错误的补正

法律本身有没有可能出现错误呢？只要对人的理性有正确的认识，那么结论一定是肯定的。这种错误是立法者由于疏忽出现了法律语言或逻辑上的错误。在我国刑法中，语言错误极为少见，但也不是没有。

比如，刑法第191条规定的洗钱罪："为掩饰、隐瞒……金融诈骗犯罪的所得及其产生的收益的来源和性质，有下列行为之一的，没收实施以上犯罪的所得及其产生的收益"。没收就是收归国有。但是，对于诈骗犯罪的所得及收益，难道不是应该及时返还给被害人吗？不能一律收归国有吧。[1]立法者只考虑了毒品、走私等没有具体被害人的上游犯罪，而忽略了存在具体被害人的犯罪，属于明显的语言使用错误。

更为常见的立法错误是逻辑错误，这主要是因为立法者没有通盘考虑刑法或其他部门法而出现的逻辑冲突，尤其在立法修正频繁的当下，这种情况更为突出，每一个新出现的法条都可能和原有的法律发生一定的冲突。当这种冲突表现为难以调和的矛盾时，就必须进行补正解释。

1995年春节，张三绑架了李四的老婆，卖给了光棍王五，得款2500元。结果春节还没过完，张三就被抓了，大家觉得张三构成啥罪？

估计没有学过法律的同学也会认为构成拐卖妇女罪吧。但其实不对，他应该构成绑架妇女罪。这个罪名是1991年由立法者规定的。

---

[1] 张明楷：《刑法学》，法律出版社2021年版，第50—51页。

20世纪90年代初，拐卖犯罪非常猖獗。[1]为了加大对拐卖妇女、儿童犯罪的打击力度，全国人大常委会专门通过了一个刑法专门问题的决定，也就是《关于严惩拐卖、绑架妇女、儿童的犯罪分子的决定》（以下简称《拐卖决定》）。这个决定在1979年刑法规定的拐卖人口罪以外增设了特别罪名拐卖妇女、儿童罪，同时还对六种加重情节处十年以上有期徒刑或者无期徒刑，情节特别严重的处死刑。该决定还增加了绑架妇女、儿童罪，聚众阻碍解救被拐卖、绑架妇女、儿童罪，利用职务阻碍解救被拐卖、绑架妇女、儿童罪，绑架勒索罪，偷盗婴幼儿罪等罪名[2]。

1997年修订刑法时，就不再保留绑架妇女、儿童罪，把它一分为二：如果为了以出卖为目的绑架妇女、儿童，那就属于拐卖妇女、儿童罪的加重情节；如果以勒索为目的绑架妇女、儿童，那就直接属于绑架罪，绑架罪的对象也无须限定为妇女或儿童。

但是，1997年刑法在渎职罪那一章节中依然保留了不解救被拐卖、绑架妇女、儿童罪，阻碍解救被拐卖、绑架妇女、儿童罪（第416条）。大家想一想下列两个案件。

第一个案件是"拒不解救儿童案"，如果张三是警察，明知道李四是被绑票的儿童，绑票者试图向儿童父母索要赎金，但是张三就是不解救，因为李四是他前女友和现任所生之子，他怀恨在心。

第二个案件是"拒不解救成年男子案"，王五是警察，明知道王

---

[1] 1990年拐卖人口犯罪立案数26507件，占全部刑事案件立案总数的1.12%，几乎是官方数据可考以来的巅峰。参见朱新力、石肖雪等：《中国治理人口贩运的法治化策略研究》，法律出版社2017年版，第44页。

[2] 参见周道鸾：《试论〈关于严惩拐卖、绑架妇女、儿童的犯罪分子的决定〉的法律适用》，载《中国法学》1992年第4期。

六被劫匪绑票并试图勒索其家人财物,但是王五拒绝解救,原因是王六是情敌。

张三和王五,两人的性质谁更恶劣呢?是不是不解救儿童的性质更恶劣一些啊,或者至少都同等恶劣,但是,张三的例子构成不解救被绑架儿童罪,最高可以判五年有期徒刑,王五的例子则构成滥用职权罪,最高可以判十年有期徒刑。

这公平吗?明显不合理吧。

造成这种现象的原因可能就是1997年修订刑法的时候顾此失彼,没有注意到前后罪名的逻辑协调问题。1997年,立法者在照搬《拐卖决定》的时候,虽然删掉了绑架妇女、儿童罪,但是对第416条却没有进行相应的删除。

那怎么办呢?总不能无视这种不公平的后果吧。一个做法就是进行合理的司法补正,将416条不解救被拐卖、绑架妇女、儿童罪,阻碍解救被拐卖、绑架妇女、儿童罪所针对的对象限定为第240条拐卖妇女、儿童罪,明确第241条收买被拐卖的妇女、儿童罪的被害人,并不包括第239条绑架罪的被害人。对于绑架罪的被害人,无论是妇女,还是儿童,如果负有解救义务而拒不解救,或者阻碍解救的,都应该以滥用职权罪论处。[1]

---

1 罗翔:《论买卖人口犯罪的立法修正》,载《政法论坛》2022年第3期,第143页。

四、如何进行司法补正

人类的有限性决定了立法可能出现语言和逻辑错误，因此司法机关可以进行必要的补正，在无法补正的时候，就只能进行法律的修正。作为一种解释方法，补正解释必须遵循罪刑法定原则，禁止以补正之名做出对行为人不利的类推，将无罪补正为有罪。

幼女是妇女吗？

对于可以补正的错误，一般应当在语言的最大范畴内追求实质合理性，满足民众的合理预期。比如，拐卖妇女、儿童罪有两种加重情节的，分别是"奸淫被拐卖的妇女的"和"诱骗、强迫被拐卖的妇女卖淫或者将被拐卖的妇女卖给他人迫使其卖淫的"，可以处十年以上有期徒刑或者无期徒刑。

加重情节中的妇女包括幼女吗？从实质合理性的角度，妇女应该包括幼女，否则会导致严重的不公平。比如，张三拐卖了13岁的幼女并实施奸淫行为。

如果认为妇女不包括幼女，那就只能以拐卖儿童罪和强奸罪进行数罪并罚。拐卖儿童罪的基本刑量刑幅度是五到十年，如判六年。强奸罪基本刑的量刑幅度是三到十年，有奸淫幼女情节，从重处罚，也就是在法定刑幅度以内判得更重一点，比如也判六年。按照数罪并罚的原理（限制加重原则：在数罪中最高刑以上、总和刑期以下判处刑罚），在六年以上十二年以下判处刑罚，比如最后判八年有期徒刑。

但是，如果按照拐卖妇女罪加重犯的规定，在拐卖过程中有奸淫行为，量刑幅度是十年以上、无期徒刑，情节严重还可以判死刑。

如果被害人 14 岁以上，按照情节加重犯可以判十年以上，但若被害人不满 14 岁，刑罚反而更低，这显然有违实质合理性。

刑法第 236 条之所以把妇女和幼女分列，只是因为奸淫幼女型强奸罪在同意能力、既遂标准、量刑情节上都与一般的强奸罪有所区别。奸淫幼女只是强奸罪的特殊类型，这也是为什么刑法第 236 条第 2 款规定"奸淫不满十四周岁的幼女的，以强奸论，从重处罚。""以强奸论"自然也表明奸淫幼女是强奸罪的特殊情况。因此，作为其犯罪对象的幼女自然也是强奸罪犯罪对象"妇女"的特殊类型。

另外，妇女权益保障法也并未将幼女排除在妇女的概念之外，该法第 18 条规定："国家保障妇女享有与男子平等的人身和人格权益。"这里的妇女显然不能排除幼女。同时该法第 36 条规定："父母或者其他监护人应当履行保障适龄女性未成年人接受并完成义务教育的义务。"义务教育包括小学和初中，此处的女性未成年人显然包括幼女。可见妇女权益保障法中的妇女就是女性，既包括成年女性也包括未成年女性。

因此，无论是在拐卖幼女过程中奸淫幼女，还是在拐卖过程中强迫幼女卖淫，都可以进行合理的补正解释，将其解释为拐卖妇女、儿童罪的加重情节。

拐卖阴阳人案

张三 1990 年拐卖"女青年"王某，后买主发现王某系以男性为主的两性人。该案 1999 年案发，这能否认定为拐卖妇女罪？1979 年刑法规定的罪名是拐卖人口罪，两性人自然也属于人口。但是 1991 年《拐卖决定》新设了拐卖妇女、儿童罪。

在1997年刑法修正之前,"拐卖人口罪"和"拐卖妇女、儿童罪"属于并列关系,拐卖成年男性可以按拐卖人口罪追究刑事责任。

但1997年刑法却废除了拐卖人口罪。1997年立法者在修改刑法时不可能想到会发生这种奇怪案件,但是人性的幽暗会衍生出无限的怪异案件,让有限的法律捉襟见肘。怎么处理呢?

如果按照张三实施行为时的法律,张三构成拐卖人口罪,最高可以判五年。但如果按照张三案发时的法律,张三主观上想拐卖女性,客观上拐卖了男性,主客观不统一,构成拐卖妇女罪的未遂。法院认为那么按照从旧兼从轻原则,判未遂对张三更有利,所以最后就以拐卖妇女罪的未遂,判处张三有期徒刑一年六个月。

但如果张三知道"女青年"王某是男性,依然把"她"卖给光棍,这肯定就没法定拐卖妇女罪了。1997年虽然废除了拐卖人口罪,但这个法律漏洞也不是没法补。在这个案件中,张三其实就是在骗人,所以可以考虑构成诈骗罪。

投毒是投放危险物质吗?

15岁的张三因为老师没收了他的《刑法学讲义》,对班主任刘老师怀恨在心,在老师办公室内安装铱射线工业探伤机,使用铱源对刘老师的身体进行照射,致使刘某及其他70位工作人员受到放射源的辐射伤害,经鉴定,刘老师等人为轻伤。

如果这个案件发生在2015年,张三构成犯罪吗?

当年刑法第17条第2款的规定是:"已满十四周岁不满十六周岁的人,犯故意杀人、故意伤害致人重伤或者死亡、强奸、抢劫、贩卖毒品、放火、爆炸、投毒罪的,应当负刑事责任。"

同时，刑法第114条规定："放火、决水、爆炸、投毒或者以其他危险方法破坏工厂、矿场、油田、港口、河流、水源、仓库、住宅、森林、农场、谷场、牧场、重要管道、公共建筑物或者其他公私财产，危害公共安全，尚未造成严重后果的，处三年以上十年以下有期徒刑。"

我们看到这两则条款中都有一个"投毒罪"。但2001年刑法修正案（三）将刑法分则第114条的投毒罪修改为投放危险物质罪，其行为方式包括"投放毒害性、放射性、传染病病原体等物质"，但刑法总则第17条没有进行相应的修改，仍然保留的是"投毒"。对此，有学者认为可以根据补正解释的原理，认为刑法总则中的投毒就等同于投放危险物质罪。[1]

这种观点合理吗？

补正解释不能突破罪刑法定原则的约束。2001年，在立法者将投毒罪修改为投放危险物质罪时，立法者其实出现了疏忽，没有在总则中进行同步更新。

补正解释的前提是不能作不利类推，所以必须考虑"投毒"一词能否在形式上涵盖投放"毒害性、放射性、传染病病原体等物质"，否则就属于对行为人不利的类推。然而，毒害性物质并不包括"放射性、传染病病原体等物质"，"投毒"只限于投放"毒害性物质"，而不能类推，否则就会产生滑坡效应。

刑法第114条规定了五种犯罪，采取的都是并列式的罪状描述，[2] 如果认为"投放毒害性物质"包括"投放放射性或传染病病原

---

[1] 张明楷：《刑法学》，法律出版社2016年版，第314页。
[2] 放火、决水、爆炸以及投放毒害性、放射性、传染病病原体等物质或者以其他危险方法危害公共安全，尚未造成严重后果的，处三年以上十年以下有期徒刑。

体等物质",那么也可以得出"放火、决水、爆炸、投毒或者以其他危险方法"也具有等同替代关系,15岁的孩子实施决水行为也要承担刑事责任,这显然是错误的。

2001年立法者之所以对刑法第114条的投毒条款进行修改,正是考虑到"投毒"一词无法包容投放放射性、传染病病原体等物质。当总则条款出现了立法疏漏,只能通过立法程序进行修正。2021年刑法修正案(十一)对刑法第17条进行了修改,填补了漏洞。修正案规定:已满十四周岁不满十六周岁的人,犯故意杀人、故意伤害致人重伤或者死亡、强奸、抢劫、贩卖毒品、放火、爆炸、投放危险物质罪的,应当负刑事责任。

表9:刑法第17条第二款及第114条历年变迁

	第17条第二款	第114条
1997年刑法	已满十四周岁不满十六周岁的人,犯故意杀人、故意伤害致人重伤或者死亡、强奸、抢劫、贩卖毒品、放火、爆炸、投毒罪的,应当负刑事责任	放火、决水、爆炸、投毒或者以其他危险方法破坏工厂、矿场、油田、港口、河流、水源、仓库、住宅、森林、农场、谷场、牧场、重要管道、公共建筑物或者其他公私财产,危害公共安全,尚未造成严重后果的,处三年以上十年以下有期徒刑

（续表）

	第17条第二款	第114条
2001年刑法修正案（三）		放火、决水、爆炸以及投放毒害性、放射性、传染病病原体等物质或者以其他危险方法危害公共安全，尚未造成严重后果的，处三年以上十年以下有期徒刑
2021年刑法修正案（十一）	已满十四周岁不满十六周岁的人，犯故意杀人、故意伤害致人重伤或者死亡、强奸、抢劫、贩卖毒品、放火、爆炸、投放危险物质罪的，应当负刑事责任	

所以，2015年张三的行为不构成犯罪，但是2021年法律修改之后，如果还有类似行为自然可以追究。

五、司法对立法的突破

对补正解释而言，不能以实质合理性为名突破语言的限制，将无罪补正为有罪，但是补正解释并不排斥对行为人有利的类推，它能以实质合理性之名突破语言的藩篱。这主要是通过当然解释进行补正。

当然解释又称自然解释，指刑法条文没有明确规定，但实际上已包含于法条的意义之中，从法条中当然（自然而然）可以推出的解释。[1]

举轻以明重：入罪要双标

当然解释有两种，一种是入罪，所谓举轻以明重，轻的构成犯罪，重的当然更构成；另一种是出罪，举重以明轻，重的都不构成犯罪，轻的当然更不构成。

但是入罪的当然解释经常有司法造法的类推嫌疑。清末修订的《大清新刑律》草稿补笺就举了一个有趣的例子：如果法律规定道路禁止牛马通过，那么举轻以明重，自然也禁止骆驼和大象通过；池塘禁止垂钓，自然也禁止撒网捕鱼。但是，这种自然解释其实已经超越语言的限制了，牛马包括骆驼吗？垂钓包括撒网吗？

无论如何，司法不能突破语言极限创造对行为人不利的规则。刑法中的抢劫罪，有一种加重情节是冒充军警人员抢劫，可以判处十年以上、无期徒刑，甚至死刑。结果出现了一个真警察抢劫案，有些学者就认为可以解释为"冒充军警人员抢劫"，理由也是当然解释。这显然突破了语言的极限，无论如何"冒充军警人员"都不包括"真军警人员"。

1　陈兴良：《本体刑法学》，商务印书馆2002年版，第35页。

醉酒驾驶机动车构成危险驾驶罪，但如果毒驾呢？是不是更应该构成危险驾驶罪，如果这样的话，那醉酒开飞机是不是也可以解释为醉驾呢？原则一旦突破，后果不堪设想。

所以，对于入罪型的当然解释，必须要卡两个标准：一个是实质标准，举轻以明重，另一个则是形式标准，不能超过语言极限。

比如，上文提到 2015 年张三投放放射性物质，如果导致刘老师受了重伤，那可以"故意伤害致人重伤"追究刑事责任。首先，这种行为的性质比一般的故意伤害致人重伤更恶劣；其次，在形式上，投放放射性物质也是一种特殊的伤害行为，当年刑法第 17 条第 2 款规定的八种犯罪本来说的就是罪行，而非罪名。

举重以明轻：出罪只单标

还有一种当然解释是适用出罪的。入罪和出罪哪个标准应该更严格呢？我想还是入罪吧。出罪标准没有必要那么严格，无须考虑形式上的语言界限，只要在实质上重的不构成犯罪，那么更轻的行为自然也不是犯罪。

刑法第 67 条规定了自首，犯罪以后自动投案，如实供述自己罪行的，是自首。如果张三在犯罪过程中和警察对峙，主动投降这叫自首吗？严格按照法条，自首的时间条件是犯罪以后，现在犯罪没完成就投降了，这好像不是自首？这种机械思维可能是人工智能才能做出来的判断。既然更为严重的犯罪以后投案都叫作自首，那么更为轻微的犯罪过程中投案就更是自首了。

最高人民法院 2022 年 7 月 25 日发布的"最高人民法院发布十起人民法院助力全国统一大市场建设典型案例"，其中有一起案件是某集团创始人张某中诈骗罪、单位行贿罪、挪用资金案。2006年底，因涉嫌行贿、挪用公款，张某中被河北省衡水市人民检察院刑事拘留。2009年，张某中被河北省高级人民法院以诈骗罪、单位行贿罪、挪用资金罪等判处有期徒刑十二年，罚没50万元。其中关于挪用资金罪，一审法院认为：1997年3月，张某中与泰康公司董事长陈某某商定挪用泰康公司的4000万元资金申购新股谋利。张某中指使张某某从泰康公司转出4000万元用于申购新股，盈利1000余万元。事后，张某某归还泰康公司4000万元。

张某中先后经历了两次减刑，2015年出狱后一直申诉。2015年12月，河北省高院驳回申诉；2016年10月，张某中向最高人民法院提出申诉；2017年12月，最高人民法院作出再审决定，2018年5月31日最高法公开开庭宣判张某中案，撤销原审判决，改判某集团创始人张某中无罪。张某中人生中的黄金十年是在铁窗里度过的。

刑法第384条规定的挪用公款罪——国家工作人员利用职务上的便利，挪用公款归个人使用——构成本罪必须是挪用公款归个人使用，追逐个人利益，单位挪用不构成本罪。2002年全国人大常委会对于挪用公款罪做出了立法解释，认为该罪中的归个人使用限定为三种情况[1]，都是个人挪用行为，而非单位行为。2003年《全国法院审理经济犯罪案件工作座谈会纪要》也明确规定："经单位领导集体研究决定给个人使用，或者单位负责人为了单位的利益，决定将公款给个人使用的，不以挪用公款罪定罪处罚。"

但是刑法第272条挪用资金罪却并无此限定，其罪状描述是

---

[1] 将公款供本人、亲友或者其他自然人使用的；以个人名义将公款供其他单位使用的；个人决定以单位名义将公款供其他单位使用，谋取个人利益的。

"公司、企业或者其他单位的工作人员,利用职务上的便利,挪用本单位资金归个人使用或者借贷给他人……"从这种罪状描述来看,借贷给他人和归个人使用属于并列关系,企业人员利用职务上的便利,无论是为了追逐个人利益,还是为了企业利益挪用本单位资金借贷给他人都可能构成挪用资金罪。[1]

挪用资金罪来源于1995年《全国人大常委会关于惩治违反公司法的犯罪的决定》,挪用公款罪则来源于1988年《全国人大常委会关于惩治贪污罪贿赂罪的补充规定》,1997年修订刑法时,立法者并未注意挪用公款罪和挪用资金罪的协调问题,因此必须根据举重以明轻的当然解释方法进行补正。既然单位挪用是更重之罪挪用公款罪的出罪事由,那自然也应该是更轻之罪挪用资金罪的出罪事由。在挪用资金罪中,"借贷给他人"这个罪状明显属于冗余条款,没有意义。

最高人民法院最后认为:原判认定张某中挪用资金归个人使用、为个人谋利的事实不清、证据不足。故原判认定张某中的行为构成挪用资金罪,属于认定事实和适用法律错误,应当依法予以纠正。

类似的例子是走私普通货物、物品罪,有很多人从海外购买昂贵手表,入关的时候没有如实申报,结果被控犯罪。陈某某是个名表商贩,为了"省钱",2019年7月至2021年2月期间,他联系香港卖家,以"裸表价"在香港购买3块名表,分别通过自己随身携带走旅检无申报通道、委托雇用"水客"夹带藏匿的方式逃避海关

---

[1] 某集团创始人张某中就因挪用单位资金借贷给他人被判挪用资金罪,此案后经最高人民法院改判为无罪。据最高人民法院2022年7月25日发布《人民法院助力全国统一大市场建设典型案例》。

监管，先后两次将手表从香港带至境内自用或送给岳父，偷逃应缴税款共计人民币 12 万余元[1]。要知道，逃避税款 10 万就可能构成刑法第 153 条的走私普通货物物品罪。

然而，刑法第 201 条逃税罪有一个初犯不追究刑事责任的条款，"经税务机关依法下达追缴通知后，补缴应纳税款，缴纳滞纳金，已受行政处罚的，不予追究刑事责任；但是，五年内因逃避缴纳税款受过刑事处罚或者被税务机关给予二次以上行政处罚的除外"。这是 2009 年刑法修正案（七）增加的出罪条款。走私普通货物物品罪的社会危害性主要也是税收，既然逃税罪规定了初犯不追责，无论逃税几亿几百亿，初犯都不追究刑事责任，那么对于走私普通货物物品罪是不是也应该适用类似的规则呢？

六、不同法律会有冲突吗？

刑法是最严厉的部门法，不到万不得已，不应该轻易动用。刑法和其他法律有时也会有冲突，就像上文提过的禁毒法。一般说来，在法定犯中，为了和其他违法行为拉开距离，立法者通常都使用"情节严重"等表述作为刑事不法的入罪门槛。

然而，由于立法疏忽，个别犯罪连此形式限定都没有，导致行政不法与刑事不法无法区别。仅治安管理处罚法，就有多项不法行

---

[1] 刘浏：《海淘 3 块名表、跨境背货当"代购"？小心可能涉嫌走私 检察听证让跨境电商警醒》，载扬子晚报网 2022 年 7 月 2 日，https://www.yangtse.com/zncontent/2316291.html。

为与刑事不法的描述几乎一样（见表10），其中相当比例的行为，也没有司法解释对两者的区分做出界定，"罪"与"非罪"的界限完全取决于司法人员的一念之间。

我曾经碰到过一个案件，当事人要买房，中介帮其搞了一个复印的离婚证，后来当事人被以伪造国家机关证件罪被抓。看到这个案件，我非常震惊，认为这种案件是不是行政处罚就可以了，没有必要动用刑法吧。后来发现，刑法的规定和治安管理处罚法几乎完全一样。刑法的规定是"伪造……国家机关的公文、证件、印章的，处三年以下有期徒刑、拘役、管制或者剥夺政治权利，并处罚金；情节严重的，处三年以上十年以下有期徒刑，并处罚金。"治安管理处罚法的规定则是："伪造……国家机关、人民团体、企业、事业单位或者其他组织的公文、证件、证明文件、印章的，处十日以上十五日以下拘留，可以并处一千元以下罚款；情节较轻的，处五日以上十日以下拘留，可以并处五百元以下罚款。"当事人最后房没买成，还以伪造国家机关证件罪被判刑，令人无限唏嘘。

表10：治安管理处罚法与刑法的相同性比较

治安管理处罚法	不法描述	刑法	罪状
32	非法携带枪支、弹药或者弩、匕首等国家规定的管制器具的	128	违反枪支管理规定,非法持有、私藏枪支、弹药的

（续表）

治安管理处罚法	不法描述	刑法	罪状
33	移动、损毁国家边境的界碑、界桩以及其他边境标志、边境设施或者领土、领海标志设施的	323	故意破坏国家边境的界碑、界桩或者永久性测量标志的 *1
40	以暴力、威胁或者其他手段强迫他人劳动的	244	以暴力、威胁或者限制人身自由的方法强迫他人劳动的 *
44	猥亵智力残疾人、精神病人、不满十四周岁的人或者有其他严重情节的	237	以暴力、胁迫或者其他方法强制猥亵他人或者侮辱妇女的；猥亵儿童的 *
51	冒充国家机关工作人员或者以其他虚假身份招摇撞骗的	279	冒充国家机关工作人员招摇撞骗的 *

1　* 标注为无司法解释或者司法解释没有规定治安不法与刑事不法的区别。

（续表）

治安管理处罚法	不法描述	刑法	罪状
52	伪造、变造或者买卖国家机关、人民团体、企业、事业单位或者其他组织的公文、证件、证明文件、印章的 买卖或者使用伪造、变造的国家机关、人民团体、企业、事业单位或者其他组织的公文、证件、证明文件的	280	伪造、变造、买卖或者盗窃、抢夺、毁灭国家机关的公文、证件、印章的 *
60	明知是赃物而窝藏、转移或者代为销售的	312	明知是犯罪所得及其产生的收益而予以窝藏、转移、收购、代为销售或者以其他方法掩饰、隐瞒的
61	协助组织或者运送他人偷越国（边）境的	321	运送他人偷越国（边）境的 *

233

(续表)

治安管理处罚法	不法描述	刑法	罪状
65	故意破坏、污损他人坟墓或者毁坏、丢弃他人尸骨、骨灰的	302	盗窃、侮辱、故意毁坏尸体、尸骨、骨灰的*
67	引诱、容留、介绍他人卖淫的	359	引诱*、容留、介绍他人卖淫的
69	组织播放淫秽音像的	364.2	组织播放淫秽的电影、录像等音像制品的
69	组织或者进行淫秽表演的	365	组织进行淫秽表演的
73	教唆、引诱、欺骗他人吸食、注射毒品的	353	引诱、教唆、欺骗他人吸食、注射毒品的

因此，必须对这种立法缺陷进行补正解释。当刑事不法和行政不法出现模糊地带，无论刑法条文是否出现了情节严重的表述，"情节严重"都应该视为一种成文或不成文的构成要素，因此行政不法和刑事不法存在量的区别，刑法上的入罪门槛一定要高于行政不法。

比如，刑法第359条规定了引诱、容留、介绍卖淫罪，"引诱、容留、介绍他人卖淫的，处五年以下有期徒刑、拘役或者管制，并处罚金；情节严重的，处五年以上有期徒刑，并处罚金"。但治安管理处罚法第67条规定："引诱、容留、介绍他人卖淫的，处十日以上十五日以下拘留，可以并处五千元以下罚款；情节较轻的，处五日以下拘留或者五百元以下罚款。"

引诱卖淫既属于治安不法，又属于刑事犯罪。2008年最高检、公安部《关于公安机关管辖的刑事案件立案追诉标准的规定（一）》规定：引诱、容留、介绍二人次以上卖淫的，应予立案追诉。但2017年最高院、最高检《关于办理组织、强迫、引诱、容留、介绍卖淫刑事案件适用法律若干问题的解释》却认为引诱他人卖淫的，构成犯罪，没有人次的限制。相比较而言，前者属于更为合理的补正解释，而按照后者的规定，行政不法与刑事不法完全没有区分的可能。

另外，行政不法和刑事不法还存在质的区别，刑法保护的利益不是抽象的行政管理秩序，还必须体现为对个人利益的侵犯。法律所保护的集体利益也要还原为无数个人的人身、财产等重要利益的集合。比如，行为人为了治疗抑郁症等疾病从海外购买精神类药品，从形式上来看，这符合走私毒品罪的构成要件。但考虑到刑法和禁毒法的冲突，司法机关必须对刑法条文进行必要的补正解释，避免惩罚过度。

麻醉药品、精神药品既是药品也是毒品，走私毒品罪是"贩卖、运输、制造毒品罪"并列的选择性罪名，只有当毒品具有一定的扩散性才可能危及不特定多数人的身体健康。[1]因此，司法机关必须对

---

1 朱晓莉、张阿妹：《"代购、销售管制麻醉药品和精神药物的法律定性"专题研讨会观点综述》，载《福建警察学院学报》2022年第3期，第23页。

走私毒品罪进行法益限缩的补正解释，以治病为目的购买精神药品不应该以犯罪论处。

每一个人都并非完全理性的存在，人的内心充满着理性、欲望和激情的争斗。立法者也不例外，它只是有限的人组成的有限机构。所以索维尔会说："如果你认为人类总是理性的，那么至少一半的历史是无法解释的。"

法教义学必须抛弃立法无谬的假设，当立法出现错误，司法机关有义务在符合罪刑法定原则的前提下进行必要的补正，避免立法的专断。[1] 法官的任务和权限本来就应创造性地发现法律。[2]

对于立法的形式错误，司法机关有义务进行合理的补正解释，发挥司法的能动性。正如德国联邦宪法法院所指出的："法并不等同于书面制定法的总体……还可能存在其他的法，它们作为意义整体来源于合宪的法秩序之中，并能够发挥纠正书面的法律的作用；司法裁判的任务就是去发现它并在判决中落实。"[3]

法律追求公平和正义，这就意味着法律本身并非完美的公平和正义的化身，它只是朝着公平和正义的方向前进。形而上的正义观念依然是重要的。"形而上者谓之道，形而下者谓之器"，法律解释必须有道器两用的心性，才不会迷失在技术主义的丛林。

还记得文章最初提到的"铁马冰河"案吗？胡某某2023年3月31日被一审法院判处非法经营罪，免予刑事处罚。然而，数月之

1　赵宏：《保护规范理论的误解澄清与本土适用》，载《中国法学》2020年第4期，第173页。
2　[德] 卡尔·拉伦茨：《法学方法论》，黄家镇译，商务印书馆2020年版，第463页。
3　同上书，第463页。

后，2023年6月26日《全国法院毒品案件审判工作会议纪要》明确规定:"确有证据证明出于治疗疾病等相关目的，违反有关药品管理的国家规定，未经许可经营国家规定管制的、具有医疗等合法用途的麻醉药品、精神药品的，不以毒品犯罪论处；情节严重，构成其他犯罪的，依法处理。实施带有自救、互助性质的上述行为，一般可不作为犯罪处理；确须追究刑事责任的，应依法充分体现从宽。"按照这个新的纪要，"铁马冰河"还构成犯罪吗？我把这个问题留给各位同学思考。

想一想

不妨思考一个问题，有相当多的催情药也是精神类或麻醉药物，如羟基丁酸、三唑仑等等。张三从境外购买了羟基丁酸（常见的迷奸药物，是我国规定管制的第一类精神药品，属于合成毒品），但后来看了某老师的视频，觉得自己是人渣，把药扔了，这构成走私毒品罪吗？

判决：既要稳定性，又要灵活性

15公里外的婆婆病危，最后一面见还是不见？这是一个令人揪心的案件。

据媒体报道，胡某海（化名）和他的女儿胡雨（化名），原本一个是某村党支部书记，一个是镇上的教师。2022年4月13日，这对父女及亲属等多人进行了一次跨省之旅，前往15公里外的他省探望胡雨罹患绝症、可能不久于人世的婆婆，并于一个半小时后回到家中。4月21日，胡某海和胡雨核酸检测为阳性。4月23日起，该县实施静态管理近20天。

经审理，法院认定因胡某海、胡雨等多名人员共同直接或间接交叉感染新冠肺炎病毒28人。2022年7月，这对父女因犯妨害传染病防治罪分别被判处有期徒刑两年和有期徒刑一年六个月、缓刑两年。父女两人当庭认罪认罚，没有上诉。[1]

出事之后，胡雨和丈夫结束了多年婚姻内耗，两人离婚了。在隔壁省，胡雨的丈夫也被判了两年，但他提起了上诉。

---

[1] 李毅达、蓝婧：《村支书跨省探望重病亲属致疫情传播获刑两年》，红星新闻2023年2月21日，https://news.ifeng.com/c/8NaolXq5aHA。

2023年1月7日，最高人民法院、最高人民检察院、公安部、司法部、海关总署联合出台《关于适应新阶段疫情防控政策调整依法妥善办理相关刑事案件的通知》(以下简称《通知》)。《通知》明确，自2023年1月8日对新型冠状病毒感染实施"乙类乙管"、不再纳入检疫传染病管理之日起，对违反新型冠状病毒感染疫情预防、控制措施和国境卫生检疫规定的行为，不再以刑法第330条妨害传染病防治罪、第332条妨害国境卫生检疫罪定罪处罚。目前正在办理的相关案件，犯罪嫌疑人、被告人处于被羁押状态的，各办案机关应当依法及时解除羁押强制措施；涉案财物被查封、扣押、冻结的，应当依法及时解除。

由于胡雨父女没有提起上诉，判决已经生效，《通知》的出罪规定就和他们没有关系，他们依然要在监狱服刑。然而，胡雨的前夫因为提起了上诉，二审还未审理终结，那么他就应该被立即释放。命运给他们开了一个巨大的玩笑，现实永远比戏剧更荒诞。

一、溯及力

一般而言，刑法规范应该是前涉性的（prospective），不得追溯既往。这样规定的目的在于保障公民的自由，使人们形成合理预期，规范人们的行为。如果行为时的合法行为有可能被将来的刑法条文认定为犯罪，那么，公民的自由就很可能受到刑罚权的恣意侵扰。缺乏对行为结果的合理预期，人们也将无法合理安排自己的行为，"民将惶惶不可终日"，社会秩序也将混乱不堪。这也是为什么有人将刑法比喻为一根"带哨子的皮鞭"：在打人之前，法律应该给一个

"预先通知"。[1]

总之，刑法规则的前涉性是文明国家的一般性原则，为各国所公认。当然，基于对个人自由的保障，罪刑法定并不排斥对被告人有利的规则溯及既往。

当前，各国刑法关于溯及力的规定主要有以下四种原则：

表 11：各国刑法关于溯及力的规定

（1）从旧原则	新法无溯及既往的效力，认定一行为是否构成犯罪和应否处以刑罚、处以何种刑罚，一概适用行为时的法律
（2）从新原则	新法可溯及既往，它可适用于它生效前的行为
（3）从新兼从轻原则	新法原则上有溯及力，但若旧法对行为人有利，则适用旧法
（4）从旧兼从轻原则	新法原则上无溯及力，但若新法对行为人有利，则适用新法

当前绝大多数国家均采取从旧兼从轻原则，以充分限制国家的刑罚权，保障公民的合理预期。

1　[法]卡斯东·斯特法尼等：《法国刑法总论精义》，罗结珍译，中国政法大学出版社1998年版，第158页。

我国刑法在溯及力问题上曾先后采用过三种原则。

新中国成立之初颁布的《惩治反革命条例》与《惩治贪污条例》都规定的是从新原则。

1979年的《中华人民共和国刑法》则采用从旧兼从轻原则。

该法实施后，由于社会治安的恶化与严重经济犯罪的抬头，随后制定的一些特别刑法对一些严重危害社会、破坏经济秩序的犯罪却采取了从新兼从重原则，这些规定虽然有当时的特殊原因，但明显偏离了罪刑法定的要求。[1]

1997年新刑法重申了刑法溯及力的从旧兼从轻原则。该法第12条规定："中华人民共和国成立后本法实行以前的行为，如果当时的法律不认为是犯罪的，适用当时的法律；如果当时的法律认为是犯罪的，依照本法总则第四章第八节的规定应当追诉的，按照当时的法律追究刑事责任，但是本法不认为是犯罪或者处刑较轻的，适用本法。"

二、一桩离奇的杀害熊猫案

四川省平武县是大熊猫的主要活动地。1989年，当地有一个叫作唐某林的农民，用2000元从同村一麻风病人手里购买大熊猫皮一张，托人卖给他人，卖了5000元，唐某林分得2500元。唐尝到了

---

[1] 1982年出台的《关于严惩严重破坏经济的犯罪的决定》，提高了走私、套汇、投机倒把、严重盗窃、贩毒、盗运珍贵文物出口及受贿等七种严重经济犯罪分子的法定刑，并且规定：凡在1982年5月1日以前对新犯的罪行继续隐瞒拒不投案自首，或者拒不坦白承认本人的全部罪行，亦不检举其他犯罪人员的犯罪事实的，作为继续犯罪，一律按本决定处理。

甜头，后来又打死一只大熊猫，将皮剥下烘干卖给他人，得款7000元。后唐某林即因投机倒把被抓，但他居然撬掉门锁翻墙脱逃。随后，他继续猎杀熊猫，剥皮烘干出售。1989年到1995年间，唐某林先后猎杀3只大熊猫并残忍剥皮。[1]

1995年1月，唐某林在联系买主时被抓捕归案。1997年3月11日，绵阳市中级人民法院对唐某林进行了一审。认为唐某林属于投机倒把的加重情节，情节特别严重，应予严惩。另外，他还犯脱逃罪，加上在被抓捕时持刀拒捕，重伤民警，构成故意伤害罪。数罪并罚，唐某林被判处死刑。

这里有必要说明一个法律规定的变化。1979年刑法并未区分珍稀动物和非珍稀动物，只规定了非法狩猎罪，无论非法狩猎的是珍稀动物还是非珍稀动物，都构成非法狩猎罪，最高刑是两年有期徒刑。

1982年全国人大常委会《关于严惩严重破坏经济的罪犯的决定》（以下简称《严惩经济罪犯决定》）提高了许多犯罪的法定刑，如1979年刑法第118条的投机倒把牟取暴利罪[2]（以走私、投机倒把为常业的，走私、投机倒把数额巨大的或者走私、投机倒把集团的首要分子，处三年以上十年以下有期徒刑，可以并处没收财产）的最高法定刑从十年提高到死刑。

1988年11月，全国人大常委会通过了《关于惩治捕杀国家重点保护的珍贵、濒危野生动物犯罪的补充规定》（以下简称《珍贵动

---

[1] 参见国家法官学院、中国人民大学法学院编：《中国审判案例要览》（1999年刑事审判案例卷），中国人民大学出版社2002年版，第7页。
[2] 该罪系投机倒把的加重情节，1979年刑法第117条还规定了一个普通的投机倒把罪，最高刑是三年，投机倒把牟取暴利罪是118条的规定。

物补充规定》），对刑法进行补充规定："非法捕杀国家重点保护的珍贵、濒危野生动物的，处七年以下有期徒刑或者拘役，可以并处或者单处罚金；非法出售倒卖、走私的，按投机倒把罪、走私罪处刑。"按照《珍贵动物补充规定》，倒卖走私大熊猫是可以按照投机倒把罪或走私罪判处死刑。

唐某林不服，提起二审，1998年6月16日，四川省高级人民法院对此案进行了二审。这个时候，1997年新的刑法已经生效了。新刑法取消了原来模糊的投机倒把罪，将其分解为若干具体罪名。另外，1997年刑法第341条还规定了一个新罪，叫作危害珍贵、濒危野生动物罪，非法猎捕、杀害国家重点保护的珍贵、濒危野生动物的最高可以处十年以上有期徒刑。此罪不再有死刑条款。

因为唐某林提起上诉启动了二审程序，所以判决没有生效，那么按照1997年刑法规定的从旧兼从轻原则，如果1997年刑法对他更为有利，就必须适用新法的规定。

二审法院最后就认为新刑法已经不再有投机倒把罪，对于非法猎杀大熊猫、倒卖大熊猫皮的，应该按照危害珍贵、濒危野生动物罪定罪处刑，这个罪名没有死刑条款。最后撤销一审的判决，改为数罪并罚，判处有期徒刑二十年，并处罚金3000元。唐某林捡回了一条命。当然，这里值得思考的是，大熊猫是国宝，但人是无价之宝，人命和熊猫命哪个更重要呢？[1]

---

[1] 1987年7月23日最高人民法院《关于及时从重、从严打击杀害大熊猫及收买、倒卖大熊猫皮的犯罪活动的特紧急通知》规定：收买、倒卖、出卖一张大熊猫皮或一只大熊猫的，即可认为是情节特别严重，可处十年以上有期徒刑、无期徒刑或者死刑，并可附加没收财产。最近已经判过的这类案件，情节严重恶劣、处刑过轻、反映强烈的，应依审判监督程序重新判处。

三、既判力

唐某林和胡雨的前夫上诉了，判决没有生效，所以获得了新法的优待。但如果没有上诉，判决生效后法律发生了变化，按照当前刑法的规定，新法的优待规定就不能溯及既往。这里涉及的法律问题是既判力和溯及力的关系问题。所谓既判力，就是已经发生法律效力的判决。对行为人有利的新法是否可以溯及已经生效的裁判，在世界范围内，大致有三种做法。

第一种认为既判力的效力高于溯及力，对行为人有利的法律不能溯及已经生效的裁决。我国刑法采取这种立场，刑法第12条规定："本法实行以前，依照当时的法律已经作出的生效判决，继续有效。"同时，相关司法解释也规定："按照审判监督程序重新审判的案件，适用行为时的法律。"

第二种立场认为有利于行为人的法律之溯及力高于裁决的既判力。如西班牙《刑法》第24条规定："即使法律规定时已被明确判决，被判决者正在服刑，只要对于犯罪及过失罪之犯人有利，刑法具有回溯力。"

第三种立场则采取折中说，认为新法的出罪化规定高于裁决的既判力，对已生效的裁决有溯及力，但新法的弱化刑罚规定低于裁决的既判力，对于已生效的裁决没有溯及力。如法国《刑法》第112-4条规定："新刑法的即行适用不影响依据旧法完成法律行为的有效性。但是已受到刑罚宣判之行为，依判决后之法律不再具刑事犯罪性质时，刑罚停止执行。"

对于既判力与溯及力问题，我国1979年刑法没有直接回答，1997年刑法从维护国家判决稳定性的立场出发，采取了第一种立场。

四、既判力高于溯及力的理由

现行刑法采取这种立场，有历史、现实和观念等多方面的原因。

从历史的角度来看，这可能与危害国家安全罪的设立有关。由于历史条件的局限，1979年刑法没有规定危害国家安全罪，而是在刑法分则第一章第90条至第104条规定了反革命罪。一般而言，反革命罪是属于政治领域的犯罪，但事实上大多数反革命罪的内容，并非全为政治犯，如放火、爆炸、决水、抢劫银行、劫持飞机等，都是典型的危害人民利益和国家安全的普通犯罪，并非是具有反革命目的的政治犯。

然而，国际上有政治犯不予引渡的惯例，包括我国在内的许多国家也都规定了给外国人政治庇护的权利。因此在实践中，许多实施了危害国家安全犯罪的行为人，到了国外，就堂而皇之地要求政治避难，以逃避我国刑罚的制裁。反革命罪的设置，实际上反而不利于打击危害国家安全的犯罪，也使我国在国际司法协助中处境尴尬。

因此，新刑法把这些带有政治色彩的反革命罪改成了危害国家安全罪。这无疑使我们刑法的规定更为科学。但是这造成了另一个问题，如果允许新法的除罪化规定可以适用于判决已经确定但刑罚还未执行完毕的行为，那么以往实施反革命放火、爆炸等危害公共安全但因反革命罪而入狱的罪犯，就很可能以反革命罪已经被取消为由，要求终止对他们实施的刑罚。

从现实的角度来看，我国正处于转型社会，既定的法律往往无法适应飞速变迁的社会环境，从1997年至今，刑法已经历经十一次修正。加上当前司法资源的相对匮乏，如果对行为人有利的法律可以溯及已经生效的判决，那将导致大量的已决案件涌向各级法院，造成严重的审力不足。

从观念的角度来看,则是因为我们一以贯之的社会本位思维,这可能是现行刑法采取这种立场的最重要原因。长期以来,我们的司法机关习惯于认为社会利益高于个人利益,将刑法视为刀把子,认为它最重要的使命就在于镇压犯罪,而保障人权只是维护社会稳定的下位价值。因此在既判力和溯及力的冲突中,也就自然会认为前者效力要高于后者。

在司法实践中,有过极个别的判例认可对行为人有利的新法效力高于既判力。某地曾发生过一个真实的案例,被告姜某1996年因盗窃人民币3万元被判死缓,1997年新刑法生效后的死缓期间,又因故意伤害罪被判有期徒刑一年(轻伤)。依新法应执行死刑,但最终法院并未核准。理由是依现行刑法及1998年3月17日起施行的最高人民法院法释[1998]4号《最高人民法院关于审理盗窃案件具体应用法律若干问题的解释》,一般的盗窃犯罪已经不再有死刑,因此判处死缓刑的基础已大大降低,加之故意伤害罪的情节较轻,为保护被告人的合法权益,本着有利于被告人的原则,不宜执行死刑。[1]

法律问题非常复杂,任何一种立场都具有相对的合理性,不宜陷入独断论[2]的恶性循环。作为一种智识上的鸦片,独断论往往需要更多的独断来证明自己的正确。现实问题并不是非黑即白,非此即彼,折中立场有一定合理性,在将来修改刑法时可以予以考虑。

---

1   逢锦温:《我国刑法溯及力问题探讨》,载《中国刑事法杂志》1998年第3期,第22页。
2   独断论:一种用片面的、孤立的、绝对的观点分析和解决问题的形而上学观点。

第一，刑法既要惩罚犯罪，又要保障人权。两者互相制约与平衡，是并列而非主次关系，不宜厚此薄彼。不能为了保障人权完全漠视惩罚犯罪的需要，也不能为了惩罚犯罪无视人权保障的任务。新法出罪化规定代表着法律政策的根本性改变，既然新法认为行为不再具有社会危害性，维持既定的有罪判决也很难获得民众的认同，反而会极大影响法律的尊严。法的权威和尊严并不依赖于强力的推行，而在于民众真心的认同。

第二，新法的除罪化规定表明服刑人的社会危害性和人身危险性已经消除，因此对他们惩罚的依据也就相应消失。在这种前提下，如果继续维持以前的判决，显然不符合刑罚的目的。缺乏正当性的惩罚也很难获得服刑人员的认可，他们很难安心"改造"，甚至会激化他们对社会的愤懑和仇恨，导致出狱之后，"再次"实施犯罪。

第三，行刑本身也是有成本的，对于没有必要施加惩罚的行为人，让其提前释放反而可以节约司法资源，也有助于司法机关利用有限的资源去对付更为严重的犯罪，这在司法资源相对匮乏的中国尤为迫切。

第四，这种做法也更符合国际公约的规定。1966年联合国大会通过的《公民权利与政治权利公约》（以下简称《公约》）第15条第1款规定："如果犯罪之后依法规定了应处较轻的刑罚，犯罪者应予以减刑（the offender shall benefit thereby）。"《公约》并未将新法的有利规定限定为判决生效之前。受《公约》影响，不少国家和地区刑法关于溯及力的规定，都采取了溯及力高于既判力的立场。

当然，刑法修改需要假以时日，司法机关当前能够做的就是为这些时运不济的人们积极地寻求减刑和假释的机会。法律的一个小小调整，背后是无数具体人的悲欢离合。有温度的司法应该在法律变更之后，积极地进行补救，而不是公事公办、铁石心肠。比如，刑法规定的假释条件是"被判处有期徒刑的犯罪分子，执行原判刑期二分之一以上，被判处无期徒刑的犯罪分子，实际执行十三年以上，如果认真遵守监规，接受教育改造，确有悔改表现，没有再犯罪的危险的，可以假释。如果有特殊情况，经最高人民法院核准，可以不受上述执行刑期的限制。"新法的除罪化规定可以考虑解释为最高人民法院予以假释的特殊情况。另外，宪法也规定了特赦制度，如果启动赦免程序，也可以免除相关服刑人员的刑罚。

五、法律的安定性与灵活性

刚性法律也应有柔软的一面，它应该体会人性的软弱，慰藉受伤的心灵，带给人们对正义与良善的盼望。子曰："听讼，吾犹人也，必也使无讼乎。"法律不能无视民众的常情常感，法的权威和尊严并不是一种抽象性的说辞，也非形而上学的逻辑推导，从根本上来说，它必须归结于对具体个体权利的尊重与捍卫，从而获得民众内心深处的尊重与敬畏。

法律的安定性和灵活性始终存在张力，这本身就是一个难以解决的哲学悖论。赫拉克利特说"万物皆流变，唯一不变的就是万物皆变化"，但巴门尼德认为"变化只是一种幻觉，如果某物确实存在，它就不可能发生变化"。柏拉图试图在两种立场中寻找折中，他认为物质的现象世界是变化的，但是理念世界是不变的。问题在于，法律解决的只是现象世界的乱象。我们并不拥有洞穴以外的知识，终其一生，我们都是在试图走出洞穴。

1997年刑法通过至今，已经修改多次，只要我们不活在立法无谬的自欺之中，就必须接受现象世界的千变万化。至于不变的理念，所谓的法律精神，它只可能位于法律人的灵魂深处，这种知识本就不来源于实证法的经验，只能通过超验的法感偶尔回忆。

想一想

张三杀了一万只熊猫，你觉得应该对张三判处死刑为熊猫报仇吗？

后 记
在针尖上跳舞的天使

有一个流传甚广的故事，说是奥斯曼土耳其大军兵临城下，曾经强大的拜占庭帝国摇摇欲坠，君士坦丁堡大教堂里的人们依然为了一个看似无聊的问题争论得面红耳赤，这个问题是："在一个针尖上有多少天使一起跳舞？"

这个故事一般是用来讽刺那些没有实践价值的辩论无聊透顶，清谈误国，忽视现实的伪问题毫无意义。故事是否真实已经不可考，天使跳舞的问题大致来源于阿奎那1270年撰写的一部作品。在那本书中，阿奎那讨论了不同的天使是否可能出现在同一个场合。不料这个问题后来衍生为各种戏剧性的版本，以此揶揄经院哲学家的迂腐与不谙世事。然而，如果真的存在天使，那么在看不见的天使帮助下，战争的局面难道不可以改变吗？看似迂腐的问题并不一定毫无意义。

中世纪一直存在名实之争，也即唯名论和唯实论的争论，前者认为现实事物没有普遍的本质，所谓的共相只是一个名称而已，不过是感官虚构的概念。但后者却认为只有共相才是真实的存在，个别事物（殊相）只是分有了共相才获得存在。柏拉图的共相观可谓是最强版的唯实论，他认为共相完全独立且优先于个别事物而存在。他的学生亚里士多德则属于修正版的较弱的唯实论，主张共相存在于殊相之中，但共相并不能独立于殊相而存在。

公孙龙提出的"白马非马"大体就是中国古人的名实之争。"白马"是殊相，"马"是所有马背后的共相。但共相只是一个名称，还是真实的存在呢？也许你觉得这些问题太过抽象，只有思辨价值，没有现实意义。甚至有人认为这些形而上学的问题根本是伪问题，思考这些问题纯粹浪费时间，吃饱了撑的。

然而，有谁能决定问题的真伪呢？当每一个问题只有一个答案，答案的正确性总是可疑的。真正的笃信不疑，一定是跨越了怀疑与批评的迷雾，而获得的一种真正的确信。离开了对立观点的挑战，标准化的答案迟早成为一种失去活力的僵化教条。如果动辄将问题贴上"伪问题"的标签，不允许提出这样的问题，那么答案也就根本不再重要。

古希腊数学家毕达哥拉斯认为数学可以解释世间万物，他是勾股定理最早的发现者。毕达哥拉斯认为所有的数字均可以用分数，也就是整数与整数之比来表示。但他的学生希帕索斯却发现，按照勾股定理，如果边长为1的正方形，其对角线无法用整数之比来表示，根号2是人类发现的第一个无理数。这一发现被毕达哥拉斯斥为伪问题，希帕索斯后被毕达哥拉斯溺毙。

阿奎那沿袭了亚里士多德的教导，在名实之争中也采取折中的立场。不知他认为不同的天使不能出现在同一个地方是否与他的折中立场有关。如果认为天使和人的灵魂一样并非纯粹的概念，那么他们也必然受制于空间的约束，并非无处不在。当然，针尖是否属于同一空间？其上的万千原子是否属于不同空间？阿奎那肯定没有近代的物理学知识。也许阿奎那的问题也促进了物理学的发展。事实上,唯名论与唯实论的争论并非纯粹形而上学的争论,后世的科学发展与此争论其实密不可分。看似没有实际价值的争辩往往会深刻地影响人类社会,而那些看起来很有价值的争论却可能对人类生活并无裨益。

所有悖论性的思考都增加了人类的知识,虽然这些人类知识的总量在知识的海洋中依然如同无有。相传哲学家奥古斯丁有一次在海边散步,发现一个小孩正在用小勺从海中舀水,然后倒在沙滩中的小洞里。奥古斯丁看到小孩的做法,感到十分可笑,告诉孩子,在洞中装满水是不可能的。结果小孩告诉奥古斯丁,听说有一个哲学家想把世间所有的学问放在他的小小脑袋之中,你说谁更可笑呢?人类所有的悖论都提醒我们理性的有限,面对知识的海洋,唯一正确的姿态是敬畏与谦卑。一如奥古斯丁后来的反省,他说,我们因为好奇所获得的一切,最终会因为骄傲而全然玷污。

法律中充满着悖论,有些是真悖论,有些是假悖论,但所有的悖论都提醒我们不要陷入理性的自负,更不要用最好去拒绝较好,能够避免最坏,可能就是一种更好的选择。

前几天散步经过一片草地,看到一片无名的小花,我突然想起大学期间的一堂英语课。我们在草地上席地而坐,外教问我们想变成什么动物。有人说狮子,老虎,大象,老鹰,但是轮到我,我随口而出——蚂蚁。老师感到困惑,问我为什么。

我的回答是:我们像蚂蚁一样渺小,这片草地,它要用一生去探索。我们觉得非常平常的草地,对它而言却神秘莫测。我们也有自己要探索的领地,虽然对别人而言稀松平常。二十多年后,当我又经过一片草地,看到草地上绽放的野花,我突然想起了这一幕。

生活在草地上的蚂蚁能够欣赏到一片美景吗？它肯定看不到，因为它无法超越它的视野。蚂蚁虽然看不到超越它视野的美，但是这片美是客观存在的。我们也像蚂蚁一样，生活在有限的世界，但在我们的视野以外，还有更多更美更神奇的存在。法律追求公平与正义，虽然公义眼不能见，但这并不意味着它不存在。每当我陷入职业的失望与犬儒，总会从这获得感性的安慰。

很多人认为法律人是理性的，感性是职业大忌。但阿奎那却提醒我们：凡是在理智中的，无不先在感性之中。

2023 年 8 月

法律的悖论

作者_罗翔

编辑_张晨　　装帧设计_董歆昱 肖雯　　主管_应凡
技术编辑_顾逸飞　　责任印制_梁拥军　　出品人_王誉

营销团队_毛婷 魏洋 礼佳怡 马莹玉

果麦
www.goldmye.com

以 微 小 的 力 量 推 动 文 明

图书在版编目（CIP）数据

法律的悖论 / 罗翔著 . -- 昆明：云南人民出版社，2023.11（2025.10 重印）
　　ISBN 978-7-222-22183-3

Ⅰ.①法… Ⅱ.①罗… Ⅲ.①法律 – 中国 – 通俗读物 Ⅳ.① D920.4

中国国家版本馆 CIP 数据核字（2023）第 202632 号

责任编辑：刘　娟
责任校对：和晓玲
责任印制：李寒东

法律的悖论
FALV DE BEILUN

罗　翔　著

出　版	云南人民出版社
发　行	果麦文化传媒股份有限公司
社　址	昆明市环城西路 609 号
邮　编	650034
网　址	www.ynpph.com.cn
E-mail	ynrms@sina.com
开　本	880mm×1230mm　1/32
印　张	8.25
字　数	180 千字
版　次	2023 年 11 月第 1 版　2025 年 10 月第 14 次印刷
印　刷	河北鹏润印刷有限公司
书　号	ISBN 978-7-222-22183-3
定　价	49.80 元

版权所有 侵权必究
如发现印装质量问题，影响阅读，请联系 021-64386496 调换。